O CONSTRUTOR DE PONTES

O construtor de pontes

1ª edição: Fevereiro 2025

Autor:
François Dossa

Preparação de texto:
Magno Paganelli

Revisão:
Debora Capella
Rebeca Michelotti

Projeto gráfico:
Jéssica Wendy

Capa:
Rafael Brum

Impressão:
Plena Print

DADOS INTERNACIONAIS DE CATALOGAÇÃO NA PUBLICAÇÃO (CIP)

Dossa, François
O construtor de pontes: onde a liderança autêntica e humana traz alta performance / François Dossa.
– Porto Alegre : Citadel, 2025.
144 p.

ISBN 978-65-5047-569-7

1. Liderança 2. Desenvolvimento profissional 3. Autoajuda
I. Título

24-5454 CDD 658.4012

Angélica Ilacqua - Bibliotecária - CRB-8/7057

Produção editorial e distribuição:

CITADEL Grupo Editorial
contato@citadel.com.br
www.citadel.com.br

FRANÇOIS DOSSA

O CONSTRUTOR DE PONTES

ONDE A LIDERANÇA AUTÊNTICA E
HUMANA TRAZ **ALTA PERFORMANCE**

CITADEL
Grupo Editorial

2025

Sumário

Introdução

Na introdução deste livro, convido você a embarcar em uma jornada através da qual compartilharei não apenas os marcos da minha carreira, mas também as lições aprendidas ao longo do caminho. Esta história, a minha história, é marcada pela influência de quatro mulheres incríveis: minha mãe, minha avó, Tia Dag e minha irmã. Cada uma delas, a seu modo, moldou o homem que me tornei, ensinando-me sobre força, compaixão, resiliência e o poder do amor incondicional.

Minha mãe, com sua presença serena e seu amor inabalável, foi a primeira a me mostrar a importância da empatia e do cuidado com o outro. Minha avó, uma mulher de fibra e determinação, ensinou-me sobre a força interior e a capacidade de superar adversidades. Tia Dag, uma força da natureza, revelou-me o impacto que uma única pessoa pode ter na vida de muitos, enquanto minha irmã, com sua sabedoria além dos anos, foi o espelho no qual pude refletir e reconhecer minha verdadeira identidade.

É com humildade que reconheço: não teria sido capaz de construir pontes, de alcançar os sucessos que tive, sem essas fundações sólidas que foram estabelecidas por elas. Cada ponte que construí no mundo corporativo, na comunidade LGBTQIA+ e além, só foi possível porque alguém me ajudou a construir uma ponte comigo antes.

Assim, com esse pano de fundo sobre a minha formação familiar e pessoal, desejo que ao longo deste livro você descubra como é possível atingir resultados extraordinários sem perder a essência, valorizando a singularidade de cada indivíduo e cultivando um ambiente onde a diversidade é mais do que apenas aceita – é celebrada. Cada capítulo, cada história, cada princípio compartilhado é um testemunho da minha crença inabalável de que liderar é, acima de tudo, um ato de humanidade.

Não busco apenas relatar sucessos e estratégias; desejo, sobretudo, tocar corações e mentes, inspirando outros líderes a reconhecerem o poder imenso que reside em uma liderança que é empática, inclusiva e transformadora. A trajetória que compartilho aqui é um convite para que você também possa encontrar a sua própria maneira de fazer a diferença, de construir pontes onde antes havia barreiras.

A minha história é uma tapeçaria feita com fios de desafios e triunfos, de aprendizados e desaprendizados, e, principalmente, de encontros humanos transformadores. Cada pessoa que cruzou o meu caminho, cada equipe que tive o privilégio de liderar, cada capítulo, cada história, cada princípio aqui relatados é um convite para refletir sobre o impacto que podemos causar como líderes e como seres humanos em nossas comunidades e organizações. As lições que aprendi não ficaram apenas no campo da teoria, mas na prática diária de quem busca fazer da empatia, da inclusão e da sustentabilidade os pilares de uma nova forma de liderar.

Espero, sinceramente, que minha singela história sirva de ânimo, motivação e inspiração para que outros líderes reconheçam a importância de valorizar a individualidade e a beleza de cada membro de suas equipes. Que este livro seja um lembrete de que, mesmo diante de um mundo frequentemente marcado pela indiferença e pelo individualismo, é possível cultivar espaços de pertencimento, respeito e amor.

Que as páginas a seguir sejam uma ponte para você, leitor, uma ponte para novas perspectivas, para o reconhecimento do outro, para a celebração da diversidade humana em toda a sua riqueza. Que minha jornada inspire a sua e que juntos possamos construir um futuro mais empático, justo e humano.

Ao final desta leitura, espero que você leve consigo a certeza de que cada um de nós tem o poder de construir pontes, de mudar realidades e de liderar com propósito.

CAPÍTULO 1

A chama inicial: raízes e revelações

Nasci em 1963, na França, um país de histórias e revoluções, mas a minha própria revolução começou no seio de uma família de classe média alta, clássica e tradicional. Meu pai, um bancário, era o pilar da nossa pequena unidade, cuja vida girava em torno de suas transferências de cidade para cidade. Essas mudanças, embora disruptivas, teceram o pano de fundo da minha infância, uma tapeçaria de paisagens e dialetos que me tornaram quem sou.

Além do meu pai, outra figura central em minha vida foi minha mãe. Professora por vocação, tinha um dom especial para lidar com crianças, uma habilidade que moldou não apenas sua carreira, mas também a vida de todos ao seu redor, inclusive a minha.

Lembro-me vivamente dos dias em Salon de Provence, no sul da França, onde cresci sob sua influência amorosa e educativa. Às vezes, ela me levava para sua sala de aula, onde ensinava crianças dois anos mais velhas que eu. Eu ficava em um canto, absorto em meus desenhos, enquanto ela se dedicava a transmitir conhecimento e valores para os alunos.

Certa vez, durante uma prova, pedi para participar, movido pela curiosidade infantil. Minha mãe, com um sorriso cético, consentiu, talvez pensando que seria uma experiência educativa sobre tentativa e erro. Para sua surpresa, e talvez até para a minha, obtive a melhor nota da classe. Foi um momento decisivo, pois ela percebeu que eu estava pronto para desafios maiores, levando-me a pular um ano escolar.

Minha mãe foi também minha primeira professora em casa. Ela me ensinou gramática com uma paixão que poucos poderiam igualar, introduzindo-me ao imperfeito do subjuntivo quando eu tinha apenas sete ou oito anos. Essa base sólida no aprendizado precoce foi um presente inestimável que ela me deu, preparando-me para o mundo acadêmico e profissional.

Além disso, minha mãe era uma mulher à frente de seu tempo. Em uma época em que a maioria das mães dos meus amigos ficava em casa, ela trabalhava fora equilibrando habilmente as responsabilidades familiares e profissionais. Minha mãe veio de uma família de radicais socialistas, defensores dos direitos dos trabalhadores, das férias remuneradas e de uma sociedade mais justa e igualitária. Essa influência política e social em minha formação foi fundamental, pois ela me ensinou a importância de lutar por um mundo mais equitativo e a valorizar o trabalho e a independência.

A presença da minha mãe em minha vida foi um exemplo de força, dedicação e amor incondicional. Ela me mostrou que é possível ser gentil e firme, educador e aprendiz, e que o trabalho, seja em casa ou fora dela, é uma forma de expressão e realização pessoal. Seu legado é uma parte essencial de quem sou hoje, moldando minha visão de mundo, minha ética de trabalho e meu compromisso com a justiça social.

A Córsega, por sua vez, com suas praias de areia branca e montanhas imponentes, foi um dos muitos lugares que chamamos de lar. Mas foi em Paris, a cidade de luz e amor, que meus olhos se abriram para o mundo, aos dez ou onze anos. Lá, a vida pulsava em um ritmo diferente, e eu, juntamente com minha irmã, três anos mais velha, começamos a absorver as nuances de uma metrópole que respirava história e modernidade.

Minha infância foi marcada por um evento quase trágico, deixando uma impressão duradoura em minha vida. Eu era apenas um bebê de três meses, nos braços amorosos de meus pais, quando, de repente, gritei, fiquei rígido e quase desmaiei. Minha mãe, rápida e instintivamente, ligou para minha tia Denise, que era pediatra. Seguindo suas instruções, minha mãe me deu uma colher de água, que imediatamente cuspi. Minha tia percebeu a gravidade da situação – eu estava sofrendo de desidratação severa, uma condição que poderia ser fatal em poucas horas.

Sem perder um segundo, meus pais correram para o hospital. Lá, fiquei internado por três semanas, lutando entre a vida e a morte, conectado a máquinas e sob constante vigilância médica. Apesar da melhora, os médicos hesitavam em me liberar, mas minha mãe, movida por um instinto maternal inabalável, decidiu me levar para casa. Ela me pegou e simplesmente saiu do hospital, determinada a cuidar de mim em um ambiente familiar.

Esse evento estreitou ainda mais os laços entre nós dois.

Cresci sob seus cuidados atentos e amorosos. Uma das boas lembranças que trago disso é a de vê-la sempre por perto, especialmente nas noites em que eu acordava me sentindo mal. Ela aparecia ao meu lado, como se por mágica, com um chá de alecrim para me acalmar e me fazer sentir melhor.

A doença deixou sequelas em meu paladar. Por anos, minha dieta se restringiu a cenouras e leite, pois meu sistema digestivo não tolerava outros alimentos. Enquanto minha irmã desfrutava de uma variedade de sabores, eu me limitava a comidas simples e sem gosto, como purê e massas. Levou anos até que eu pudesse desenvolver meu paladar e apreciar uma gama mais ampla de alimentos.

Além disso, essa experiência precoce deixou em mim um medo profundo de hospitais e médicos. Até hoje, sinto um desconforto intenso ao ver alguém vestindo um avental branco. Não conseguia explicar esse medo durante minha infância, adolescência e até na vida adulta. Acredito que tal aversão seja o reflexo das memórias gravadas em meu cérebro daquela época crítica, um trauma que ainda me acompanha, manifestando-se em uma tendência à hipocondria e um medo irracional de ambientes hospitalares.

Naquela fase da minha vida, os verões eram passados na casa dos meus avós maternos, no sul da França. Aquelas férias eram sinônimo de liberdade. Minha avó, uma mulher de origens simples, que deixou a escola aos onze anos para trabalhar na fazenda da família, era uma figura de imensa sabedoria e bondade. Ela me ensinou os valores fundamentais da vida: o trabalho árduo, a empatia, a importância de se comunicar com todos. Era uma mulher à frente de seu tempo, com uma visão moderna sobre o papel da mulher e questões sociais. Sob sua tutela, minha irmã e eu desfrutávamos de uma liberdade quase plena, sabendo apenas que deveríamos estar em casa para as refeições. Aqueles momentos com minha avó também foram cruciais para a minha formação, pois as lições da infância são as que mais profundamente se enraízam.

Meu avô paterno, por outro lado, era um homem de forte personalidade, um médico viúvo que nunca me deixava ganhar nos jogos de cartas. Sua presença era menos afetuosa, mas igualmente impactante. Ele tinha um sotaque carregado e uma pele morena, detalhes que, na inocência da minha infância, eu mal notava. Aos catorze anos, descobri a incrível história de sua origem: ele era da Índia, tendo vindo para a França nos anos 1920 para estudar Medicina. A saga de amor e determinação dos meus avós, que incluiu viagens transoceânicas e desafios culturais, foi uma descoberta que me encheu de admiração e orgulho.

Durante a Segunda Guerra Mundial, meu avô se tornou médico da resistência, uma figura heroica que arriscava a vida para salvar os outros. Essa coragem e esse altruísmo deixaram uma marca indelével na minha família, especialmente no meu pai, que se tornou mais francês do que qualquer francês e fez da história do pai dele um segredo de família, talvez porque sofreu *bullying* na escola por ser filho de estrangeiro.

Essa descoberta de minha herança exótica foi emocionante. A Índia, um país sobre o qual eu pouco sabia, de repente se tornou uma parte fascinante de minha identidade. Aprendi que ser diferente era algo a ser celebrado, não escondido. Essa lição, incutida pela minha família, foi um dos muitos presentes que eles me deram, a aceitação da diversidade que moldou minha visão de mundo.

Agora, ao olhar para trás, vejo como essas raízes, essas histórias de amor, luta e aceitação, foram o solo fértil no qual cresci. Elas me deram a força para enfrentar os desafios que viriam, para abraçar minha verdadeira identidade e para viver uma vida que, espero, seja digna do legado que me foi passado. Esse é o começo da minha história, uma história que é tanto minha quanto daqueles que vieram antes de mim.

Diante de tudo o que disse até aqui, escrever este livro é mais do que um relato de quem eu sou ou das coisas que fui capaz de fazer ao longo da minha vida. É, principalmente, expressar o quanto eu sou grato ao fato de tantas pessoas importantes e especiais terem me ajudado a me tornar quem eu sou.

DESCOBERTA E ACEITAÇÃO: ME ASSUMIR GAY

Desde os primeiros raios de consciência, soube que havia algo diferente em mim. A infância é um palco de descobertas, e a minha infância não foi a exceção. Lembro-me, com a clareza de um dia de verão, de um momento que, embora fugaz, deixou sua marca indelével em minha alma. Eu tinha cinco ou seis anos de idade, e um colega de escola falou entusiasmado sobre como ficaríamos nus e tomaríamos banho juntos durante uma viagem da escola. Aquela ideia me excitou de uma maneira que eu não pude compreender, mas que intuitivamente sabia ser um vislumbre da minha verdadeira essência.

Os anos passaram e com eles veio a adolescência, época de turbulência e transformação. As festas com colegas, as danças ao som dos discos de vinil, os beijos trocados no escuro... Eu observava, participava, mas algo dentro de mim hesitava. Tentei seguir o roteiro que parecia ser o de todos, beijei uma menina, uma amiga querida, mas não senti o fogo que supostamente deveria arder. Não havia faíscas, não para mim.

Aos dezesseis anos, a vida me trouxe Thierry, meu melhor amigo até hoje. Com ele, compartilhava estudos, risadas e segredos. Foi em uma viagem de esqui que Thierry revelou que seus sentimentos por mim ultrapassavam a amizade. Aquelas palavras foram um choque, um despertar. De repente, todas as peças do quebra-cabeça da minha identidade se encaixaram com uma clareza cristalina: eu gostava de meninos, não de meninas.

Aquele ano com Thierry foi um capítulo de descoberta e amor. Ele era sensível, inteligente, bondoso – tudo o que eu poderia desejar em um primeiro amor. Conheci Thierry durante um período crucial de nossas vidas, enquanto nos preparávamos para os exames de admissão na universidade. Na França, esse processo é intenso, exigindo um ou dois anos de dedicação quase exclusiva aos estudos. As provas são em junho, e a rotina é extenuante, com dias em que estudamos até por dezesseis horas, intercaladas apenas por breves momentos para comer e dormir.

Durante a Páscoa daquele ano, Thierry e eu decidimos passar quinze dias na casa de campo dos meus pais, na Borgonha, em um pequeno vilarejo chamado Les Amants, que significa "Os Amantes". Era um refúgio perfeito para nos concentrarmos nos estudos, mas também desfrutarmos da companhia um do outro. Minha mãe, pensando em nossa comodidade, combinou com a vizinha, Madame Hupont, para que ela preparasse nossas refeições. Assim, todos os dias, por volta das onze da manhã, ela trazia o almoço e o jantar, enquanto nós cuidávamos apenas do café da manhã.

Aqueles dias foram mágicos. Estávamos imersos em uma rotina de estudos, mas também de descobertas amorosas. Imagine dois jovens de dezesseis, dezessete anos, apaixonados, explorando o amor e o desejo, aprendendo sobre o corpo e os sentimentos. Enquanto outros retornaram das férias estressados, nós voltamos revigorados, tendo vivido um paraíso particular, graças à culinária excepcional de Madame Hupont e à nossa bolha de amor e aprendizado.

Após os exames, ambos fomos aprovados, mas para universidades diferentes. Eu fui para a HEC, e Thierry para o Sup de Co. Paris. No entanto, planejamos passar as férias juntos na Córsega. Um amigo do meu pai nos emprestou uma casa, e fomos acompanhados de alguns amigos: Karen, Veronique e Jean Philippe. Ninguém sabia do nosso relacionamento, mantínhamos nossa intimidade protegida.

Na Córsega, vivemos dias de sol, praia e diversão. À noite, íamos dançar na boate New Love. Foi lá, em 1981, que ouvi pela primeira vez "Lança Perfume", canção de Rita Lee. Eu não entendia português e não conhecia a cantora, mas aquela música se tornou a trilha sonora do meu amor por Thierry. Sempre que a ouço, mesmo anos depois, sou transportado de volta para aqueles momentos mágicos. Foi assim que o Brasil, através de Rita Lee, entrou na minha vida, marcando o início de uma conexão profunda que perduraria por anos.

Mas, como todas as primeiras histórias de amor, ela teve um fim, e com ele veio a primeira desilusão amorosa. A dor se tornou tão intensa que parecia insuportável, uma tempestade que eu temia não sobreviver.

Aos vinte anos, decidi que era hora de abrir meu coração para minha família. Minha irmã, que sempre foi minha confidente e apoio, já sabia e me acolheu com amor e aceitação. "É normal", ela disse. "Muitos meninos são assim. Não é uma doença, não é anormal. Está tudo bem." Suas palavras foram um bálsamo, uma âncora em um mar de incertezas.

Mas, contar aos meus pais... isso era outra história. Escrevi uma carta, cada palavra pesada com o peso do medo e da esperança. Lembro-me de hesitar diante da caixa de correio, o impulso de recuperar a carta quase me vencendo. Mas deixei-a ir, e com ela, uma parte de mim.

A resposta veio uma semana depois, uma ligação que me fez tremer em antecipação. Meu pai falou primeiro, dizendo que precisava de tempo para processar, mas que seu amor por mim não mudava. Minha mãe preferiu mandar uma carta onde expressou sentimentos semelhantes, dizendo que se ela pudesse escolher, de voltar a este mundo, ela pediria a Deus os mesmos filhos.

Essa aceitação foi um presente inestimável. Apesar de meu pai nunca mais tocar no assunto, o amor incondicional de minha mãe e irmã me deu a força para viver minha verdade. Ainda assim, havia uma sombra de tristeza, uma preocupação de que eu havia decepcionado, especialmente meu pai. Eu queria provar que, mesmo sendo gay, era digno de amor, que merecia ser amado.

E, assim, em meio a descobertas e aceitação, minha jornada continuou. Uma jornada não apenas de autoconhecimento, mas também de reconhecimento do amor incondicional que transcende preconceitos e medos. Uma jornada que me ensinou que o amor verdadeiro é um farol que guia para casa, não importa quão tempestuoso seja o mar.

EDUCAÇÃO E PRIMEIROS PASSOS

Desde os bancos da renomada HEC, em Jouy-en-Josas, perto de Paris, eu já sentia o pulsar de uma vida que prometia ser repleta de desafios e conquistas. A Universidade era mais do que um lugar de aprendizado acadêmico; era um campo de treinamento para a liderança e um laboratório para a gestão de equipes e projetos. Lá, eu não era apenas um estudante de Economia; eu começava a aprender a ser um líder.

A música sempre teve um papel especial em minha vida, e foi na HEC que tive a oportunidade de fundar e coliderar um coro e orquestra com alguns amigos chamado Chœur et Orchestre des Grandes Écoles. Juntos, nós harmonizamos nossas vozes e nossos instrumentos, e essa sinfonia nos levou a apresentações memoráveis, como na prestigiada Sala Pleyel, em Paris, e em diversas cidades pelo interior da França. Aquelas experiências não apenas enriqueceram a minha alma, como também aprimoraram minhas habilidades de liderança e trabalho em equipe.

Meus pais se mudaram para o Brasil, e eu fiquei na França, morando no *campus* da HEC com meus amigos. Foi um período de intensa liberdade e responsabilidade, quando participei ativamente na gestão do *campus*, o que em francês chamamos de "BDE – Bureau Des Élèves". Essa foi minha primeira incursão real no mundo da liderança e gestão, e eu me deleitava naquela atmosfera vibrante de jovens líderes em formação.

A peregrinação católica à Catedral de Chartres foi outro marco daquela fase. A fé e a espiritualidade sempre me guiaram, e essa jornada foi uma profunda reflexão sobre o propósito e a comunidade. O que eu mais apreciava era a sensação de pertencimento e a capacidade de liderar e inspirar um grupo em direção a um objetivo comum.

Iniciei minha carreira profissional com um vigor juvenil, mas também com uma insegurança oculta pelo fato de ser gay, que mais tarde reconheceria como a síndrome do impostor. Essa dúvida interna me acompanhava silenciosamente, manifestando-se em momentos de tensão, como suor excessivo em reuniões importantes, o que me levou a buscar refúgio e respiro nos banheiros, jogando água no rosto para me recompor.

Apesar desses desafios internos, minha carreira avançou rapidamente. Minha carreira profissional no Brasil começou na Alstom, mas logo fui chamado de volta à França, para trabalhar na matriz. Após quatro meses, fui recrutado pelo banco Paribas, onde minha ascensão foi rápida. Em doze anos, passei por diversas posições, tornando-me o mais jovem diretor da empresa. Cada promoção era acompanhada por uma voz interna que questionava meu merecimento, mas eu persistia, assumindo as novas responsabilidades com determinação. Nesses anos todos, aprendi a mentir sobre a minha vida, inventando namoradas na tentativa de parecer igual aos meus pares profissionais.

Aos 38 anos de idade, minha carreira tomou um rumo ainda mais interessante quando fui nomeado presidente do Banco Société Générale no Brasil. Na Febraban (Federação Brasileira de Bancos), eu era notavelmente o mais jovem entre os presidentes, um testemunho do meu desejo de provar, especialmente ao meu pai, que eu era digno de amor e sucesso, independentemente da minha orientação sexual.

INFLUÊNCIA DAS MULHERES MAIS IMPORTANTES NA MINHA VIDA

Desde os primeiros suspiros de vida, a influência feminina delineou o contorno da minha existência. Três mulheres, como pilares de um templo, sustentaram, ensinaram e moldaram a pessoa que sou hoje. A quarta viria a se juntar a esse mosaico mais tarde, mas as fundações foram lançadas por essas três figuras inesquecíveis.

Minha mãe foi a encarnação do amor incondicional. Com ela, descobri que o amor verdadeiro não faz exigências, não impõe condições. Ela tinha uma força que me envolvia, me protegia e me elevava.

Lembro-me de um dia, um daqueles em que a infância nos testa com suas tragédias simples, mas não menos marcantes. Eu havia tirado uma nota baixa na escola e, com o coração pesado, retornei para casa. Minha mãe, com seu sexto sentido materno, já estava à porta, e sua expressão preocupada perguntava silenciosamente: "O que aconteceu, meu filho?". As lágrimas brotaram, inevitáveis, e ela me acolheu em seus braços, sussurrando conforto e perspectiva. "Isso não é nada", ela disse, e naquele abraço, eu acreditava.

Minha avó, a segunda mulher, foi minha pedagoga da vida. Ela me ensinou sobre valores, sobre o bem e o mal, sobre ter empatia e conversar com todos, independentemente de quem fossem. Com ela, aprendi a igualdade de gêneros na prática; minha irmã e eu éramos iguais em deveres e direitos dentro de casa. A liberdade que ela nos concedia era total, mas sempre conforme um quadro de confiança e responsabilidade. Ela confiava em nós, e isso nos ensinou a confiar em nós mesmos.

E, então, a minha irmã, a terceira mulher essencial em minha vida. Foi minha companheira de jornada, a pessoa que me mostrou que ninguém caminha sozinho. Sempre havia uma mão para segurar, um ombro para apoiar. Minha irmã estava sempre lá, sem julgamentos, apenas com presença e apoio. A influência dela foi imensa, ensinando-me sobre amor, educação e companheirismo.

Essas mulheres me ensinaram que a abordagem feminina da vida é, muitas vezes, mais aberta, mais direta, mais compreensiva. Com elas, aprendi a valorizar a diversidade de pensamentos e a riqueza que vem com a empatia e a colaboração. Elas foram as arquitetas do meu caráter, as mentoras do meu coração e as guardiãs da minha consciência. E, enquanto eu avançava na vida, carregava comigo a força, a sabedoria e o amor delas – um amor que se tornou o alicerce sobre o qual construí cada sonho, cada conquista, cada passo em direção ao futuro.

MINHA VISÃO DE UM MUNDO EM FORMAÇÃO

Eu sempre fui fascinado pela política, por sua capacidade de transformar sociedades e vidas. Ainda jovem, antes mesmo de atingir a maioridade, fui testemunha de um momento histórico que moldaria para sempre minha visão de mundo: a eleição de François Mitterrand como presidente da França. Sua eleição representou a ascensão de um socialista ao poder pela primeira vez em décadas e, embora eu ainda não tivesse idade para votar, minha mãe, cúmplice de minhas convicções, permitiu que eu escolhesse em seu lugar. No dia do pleito, depositamos juntos o voto que carregava tantas esperanças.

Naquela noite de 10 de maio de 1981, quando o rosto de Mitterrand apareceu anunciando sua vitória na tela da nossa televisão, em Paris, senti uma onda de otimismo e a crença de que estávamos à beira de uma nova era. – *Vive la vie* – disse Pierre Mauroy, que se tornara primeiro-ministro do país, e essas palavras ressoaram em mim como um chamado para uma vida mais plena e justa, um mundo onde cada um de nós poderia contribuir para o bem comum.

As mudanças que se seguiram, embora limitadas no aspecto econômico, foram profundas em termos sociais e culturais. A abolição da pena de morte, o reconhecimento dos direitos dos homossexuais e a liberalização das ondas de rádio foram marcos que me tocaram pessoalmente. Lembro-me de noites em meu quarto, ouvindo baixinho a Frequence Gay, a primeira rádio francesa voltada para a comunidade LGBTQIA+ no país. Ali, através das histórias compartilhadas, percebi que não estava sozinho e que fazia parte de uma comunidade maior.

Aqueles foram momentos cruciais na formação da minha visão de mundo. Acreditava, e ainda acredito, que devemos lutar por uma sociedade mais justa, onde o respeito mútuo prevaleça e a diversidade de pensamento seja não apenas tolerada, mas celebrada. Foi naquela época que comecei a entender o valor de cada voz, a importância de cada perspectiva e a necessidade de defender a liberdade individual contra o pensamento da maioria.

Além disso, minha jornada profissional no Banco Paribas e, posteriormente, no Société Générale, foi marcada por uma série de viagens que expandiram significativamente minha visão de mundo. Como chefe de financiamento e exportação, tive a oportunidade de visitar uma variedade impressionante de países, desde nações da América Latina até o continente africano, o Oriente Médio e a Ásia.

Lembro-me vividamente da minha primeira viagem à China, um país completamente diferente do que é hoje. As ruas repletas de bicicletas, as pessoas vestidas uniformemente – era um mundo à parte. O Vietnã também me encantou muitíssimo, especialmente a Baía de Ha Long e os templos repletos de energias mágicas em Hanói. Na Tailândia, fiquei fascinado pela rica tapeçaria cultural e pela gastronomia exótica.

Essas viagens me ensinaram a apreciar e a respeitar as diferenças. Cada país que visitei me mostrou uma nova maneira de viver, de se vestir, de se alimentar. No Marrocos, por exemplo, os homens usavam alabás, uma vestimenta tão distinta daquela a que eu estava acostumado. Na Bolívia e no Peru, fiquei maravilhado com as ilhas flutuantes de Los Uros e com as mulheres vestindo múltiplas saias, uma sobre a outra, em altitudes elevadas.

Tudo isso me fascinava. Comecei a perceber que não existe um jeito certo ou errado de viver: o mundo é belo justamente por sua diversidade. Essa percepção se tornou uma parte fundamental de quem sou. As viagens não apenas me mostraram paisagens e culturas diferentes, mas também moldaram minha capacidade de aceitar e me interessar genuinamente pelas diferenças nos outros.

Além dos países emergentes, minhas viagens incluíram nações da OCDE (Organização para Cooperação e Desenvolvimento Econômico), como Estados Unidos, Itália, Inglaterra e Alemanha. Embora estar nesses países fosse menos surpreendente em termos culturais, essas viagens contribuíram igualmente para a minha compreensão global.

As experiências vividas no início da minha carreira foram cruciais para me tornar a pessoa que sou hoje: alguém que vê a diversidade como algo natural e enriquecedor, alguém sempre curioso e disposto a aprender mais sobre a vida e as histórias das pessoas, independentemente de suas origens.

Essa visão do mundo ampla, esse otimismo inabalável *Vive la vie* e a crença na capacidade de mudança se tornaram a base sobre a qual construí minha carreira e minha vida. Elas me guiaram através de cada desafio e conquista, me inspiraram a liderar com empatia, a buscar a inclusão e a valorizar cada contribuição individual no mosaico complexo e belo que é a humanidade.

ACEITAR A SI MESMO

Quando aceitamos o desafio de acolher a nós mesmos, mergulhamos em águas profundas, onde correntes subterrâneas de pensamentos e emoções influenciam nossa jornada de autenticidade. Essa jornada, como bem disse Sócrates, começa com o preceito "Conhece-te a ti mesmo", um chamado à introspecção que é tanto antigo quanto eternamente relevante e verdadeiro. É um processo contínuo que nos desafia a enfrentar nossas sombras, a reconhecer nossas luzes e a encontrar equilíbrio entre as duas situações.

No coração desse desafio reside a verdade de que devemos saber quem realmente somos para podermos estar bem conosco; essa é a pedra angular da plenitude da experiência humana. Friedrich Nietzsche, com sua exortação para tornarmo-nos quem somos, destaca a importância dessa autenticidade como um caminho para a realização pessoal. No entanto, viver de acordo com esse princípio exige coragem, ainda mais em um mundo que frequentemente valoriza a conformidade acima da individualidade.

Personalidades históricas, como Alan Turing, gênio matemático e pai da computação, enfrentaram duras consequências ao viverem suas verdades em tempos menos tolerantes. A vida de Turing nos lembra da importância crítica, mas muitas vezes desafiadora, de nos mantermos fiéis a nós mesmos, apesar das pressões externas para nos conformarmos àquilo que não somos. Sua história é um testemunho pungente da luta pela autenticidade e dos custos que às vezes acompanham essa busca.

Ao refletir sobre a importância de estar bem consigo mesmo, não se pode ignorar o contexto mais amplo da felicidade humana. Pesquisas recentes, incluindo o Relatório Mundial da Felicidade, revelam uma verdade desconfortável: muitas pessoas no mundo não estão felizes. Esse panorama desolador sublinha a necessidade de estratégias pessoais que nos permitam cultivar o bem-estar interno. Aqui, o autocuidado e a autoaceitação emergem como práticas vitais, servindo como bússolas para nos guiar através das tempestades emocionais da vida.

Nesse contexto, proponho um plano de desenvolvimento pessoal não apenas como uma estrutura, mas como um convite à ação. Esse plano é uma jornada em cinco etapas, destinada a promover uma introspecção profunda e um compromisso genuíno com o crescimento pessoal.

PLANO DE TRABALHO - CAPÍTULO 1

Aqui está uma estrutura simples para você começar:

Autoavaliação

Tire um tempo para refletir sobre suas próprias qualidades, habilidades e experiências. Identifique suas forças, reconheça suas áreas de crescimento e aceite suas imperfeições como parte de quem você é.

Exploração de interesses

Dedique tempo para descobrir o que o motiva, o que lhe traz alegria e o que desperta sua curiosidade. Experimente atividades, *hobbies* ou áreas de estudo que o ajudem a se conhecer melhor e a se conectar consigo mesmo de maneiras significativas.

Prática da autenticidade

Comprometa-se a expressar seus verdadeiros pensamentos, sentimentos e opiniões, mesmo que isso o deixe vulnerável. Aprenda a se comunicar de forma honesta e aberta, tanto consigo quanto com os outros, construindo assim uma relação mais autêntica e genuína.

Cultivo da compaixão própria

Desenvolva uma voz interna gentil e compassiva que o apoie nos momentos de dificuldade ou autocrítica. Trate-se com a mesma bondade e compaixão que você ofereceria a um amigo querido, reconhecendo que você é digno de amor e respeito, independentemente de suas falhas ou imperfeições.

Celebração das conquistas pessoais

Reconheça e celebre suas realizações, grandes ou pequenas, valorizando o progresso que você faz em sua jornada de autoaceitação e autodescoberta. Cultive uma mentalidade de gratidão, reconhecendo as qualidades únicas que o tornam quem você é.

Ao seguir este plano de desenvolvimento pessoal, você estará investindo em seu próprio crescimento e bem-estar emocional, fortalecendo assim sua capacidade de se aceitar e gostar de si mesmo. Lembre-se de que a jornada de autodescoberta é única para cada indivíduo, e seja gentil consigo durante esse processo de crescimento contínuo.

CAPÍTULO 2

Liderança com alma: os valores que aprendi com quatro mulheres

AMOR INCONDICIONAL

Em minha jornada profissional, sempre acreditei firmemente no poder do amor incondicional, não apenas na vida pessoal, mas também no ambiente de trabalho. Essa convicção se enraíza no amor que recebi de minha mãe, um amor que tento replicar na minha relação com as equipes que lidero. Para mim, o amor no trabalho não é apenas uma emoção, mas uma força motriz que impulsiona a excelência e a inovação.

Acredito que o conceito de um empresário que sabe tudo e toma todas as decisões sozinho é ultrapassado. Hoje, o sucesso de uma empresa depende da força do seu time. Em todas as minhas funções, sempre fiz questão de montar equipes diversificadas e complementares. Não busco pessoas que apenas concordem comigo; pelo contrário, valorizo opiniões diferentes e desafiadoras. Essa diversidade de pensamento é vital para o crescimento e a evolução, tanto pessoal quanto profissional.

O amor que sinto pelo meu trabalho e pela minha equipe é verdadeiro. Alguns podem me considerar *workaholic*, mas, para mim, trabalhar intensamente é uma consequência natural do amor pelo que faço. Esse amor me energiza, me impulsiona a ir além, a buscar sempre o melhor. É uma força que me leva a lugares que nunca imaginei alcançar.

No mundo empresarial, muitas vezes há relutância em expressar emoções ou falar sobre amor. No entanto, acredito que expressar amor e emoção no ambiente de trabalho é não apenas saudável, mas também essencial. Mostrar que você se importa, que valoriza e ama sua equipe pode transformar completamente o ambiente de trabalho, criando uma cultura de respeito, confiança e lealdade.

Quanto à amizade e parceria, sempre mantive uma linha clara entre minha vida pessoal e profissional. Meus amigos estão fora da empresa. No entanto, isso não diminui o respeito, a consideração e o cuidado que tenho com a minha equipe. Acredito ser possível e necessário cultivar relacionamentos profissionais fortes e significativos, baseados em respeito mútuo, admiração e, sim, amor.

Durante a minha jornada profissional, sempre diferenciei claramente amizade e parceria. Acredito que, no ambiente corporativo, é fundamental manter essa distinção para garantir a integridade e a eficácia das relações profissionais. Muitas vezes, as pessoas evitam confrontos ou *feedbacks* honestos por medo de prejudicar as amizades, mas esse pode ser um erro. Ainda, tal postura não significa que não se possa construir parcerias significativas e profundas no trabalho.

Um exemplo marcante dessa abordagem foi minha relação com Izildinha, no Société Générale. Izildinha, uma colega de trabalho dedicada e mãe de dois filhos, enfrentou um período desafiador quando seu marido, Patrick, perdeu o emprego. Ela se viu sozinha, sustentando a família e acumulando dívidas. Quando descobri sua situação, intervim para ajudá-la, reestruturando suas dívidas e oferecendo um plano viável para sua recuperação financeira.

Infelizmente, Izildinha não seguiu o nosso plano e se encontrou novamente em dificuldades financeiras. Nessa ocasião, senti-me traído e decepcionado, mas também percebi que era uma oportunidade para oferecer uma segunda chance. Com uma abordagem mais firme, ajudei-a a enfrentar a situação com sua família e a reorganizar suas finanças. Esse momento foi crucial, não apenas para ela, mas também para mim, pois reforçou a importância de olhar para o outro, de oferecer oportunidades e de reconhecer o potencial em cada pessoa.

Mais adiante, Izildinha superou suas dificuldades, progredindo na carreira até se tornar a número três do RH no Société Générale na França. Hoje está aposentada e trabalha como *coach*, ajudando outras pessoas e empresas. Ela frequentemente menciona como nossa parceria e a segunda chance que lhe dei foram fundamentais em sua vida, chamando-me carinhosamente de "François, o Mágico".

Na Nissan, vivenciei experiências semelhantes, construindo parcerias fortes e significativas. Em minha jornada lá, enfrentei momentos desafiadores, nos quais a natureza muitas vezes implacável do mundo corporativo se revelou. Durante esse período, a importância de ter aliados confiáveis tornou-se mais evidente do que nunca. Márcia, Dr. Roderlei e Vera foram pilares fundamentais nessa fase, cada um desempenhando um papel crucial na minha capacidade de navegar por essas águas turbulentas.

Márcia, com sua *expertise* em relações governamentais, foi uma defensora incansável da integridade e dos valores da Nissan. Em um ambiente onde as tentações da corrupção são frequentes, especialmente em eventos de grande escala – como o Carnaval, a Copa do Mundo e os Jogos Olímpicos –, sua vigilância e seu compromisso com a ética foram inestimáveis. Ela estabeleceu regras claras e rígidas, garantindo que nossa conduta sempre estivesse alinhada aos mais altos padrões de *compliance*. Sua reputação como alguém que não tolerava desvios ou atalhos era bem conhecida, e isso se mostrou vital para nossa operação.

Dr. Roderlei, por outro lado, foi meu guardião legal. Em um mundo onde os presidentes de empresas muitas vezes são pressionados a assinar documentos sem o devido escrutínio, ele garantiu que eu estivesse sempre protegido de armadilhas legais. Sua orientação era clara: eu não deveria assinar nada sem sua prévia revisão e aprovação. Essa abordagem meticulosa nos salvou de potenciais catástrofes legais e financeiras.

Vera, liderando o RH, desempenhou um papel fundamental ao trazer para a equipe pessoas que, além de competentes, compartilhavam da nossa visão e dos nossos valores. Ela tinha um talento especial para identificar o que estava acontecendo na empresa, informações que muitas vezes não chegavam à presidência. Sua habilidade em manter-me informado sobre o clima interno foi essencial para tomar decisões objetivas e oportunas.

Um caso particularmente marcante foi a promoção de Andrea. Por anos, ela foi preterida, sempre ouvindo que precisava de "mais alguns anos" de experiência, enquanto homens menos qualificados eram promovidos. Reconhecendo seu mérito e potencial, promovi Andrea, uma decisão que se provou acertada. Ela não apenas prosperou na Nissan, mas também ganhou experiência internacional no

Japão e, mais recentemente, alcançou uma posição de destaque na Jaguar Land Rover, como SVP, *senior vice president*.

A jornada de amizade e parceria com Andrea, que começou na Nissan e continuou mesmo após sua ida para o Japão, é um exemplo perfeito de como relacionamentos profissionais podem evoluir para colaborações duradouras e mutuamente benéficas. Essa conexão, baseada em respeito mútuo e admiração, reforça a ideia de que as relações no ambiente de trabalho podem e devem transcender os limites corporativos, criando um ciclo de benefícios contínuos.

Essas histórias reforçam a ideia de que, no mundo corporativo, é possível e necessário estabelecer relações com base em respeito mútuo, apoio e, acima de tudo, uma genuína preocupação com o bem-estar dos outros. Parcerias como essas vão além do âmbito profissional, tocando vidas e transformando trajetórias. Elas são a prova de que, mesmo no ambiente de trabalho, o amor incondicional e a empatia têm um lugar essencial.

Minha paixão pela educação, herdada da minha avó, encontrou um propósito concreto através do trabalho na Fundação Paribas e, depois, nos institutos sociais do Société Générale e da Nissan. Essas experiências me permitiram aplicar e expandir minha visão sobre a importância da educação em áreas desafiadoras, tanto na França quanto no Brasil.

A chegada à Casa do Zezinho foi um marco transformador. Foi lá que a Tia Dag me introduziu ao conceito de apadrinhamento de crianças. Inicialmente hesitante quanto à ideia de doar dinheiro regularmente, decidi apadrinhar três crianças: Luciano, Jaciara e Camila, cada um com sua personalidade única e histórias de vida tocantes. Mais tarde, acrescentei à lista o Dudu, um menino que sofreu uma tragédia familiar.

Essas crianças, com realidades tão distintas e desafiantes, abriram meus olhos para uma nova dimensão de amor e responsabilidade. Comecei a contribuir financeiramente para suas necessidades básicas e, com o tempo, minha relação com eles evoluiu. Passei a investir em sua educação, pagando escolas, aulas e faculdade, e ajudando-os a encontrar empregos. Luciano, em particular, tornou-se muito próximo a mim, trabalhando hoje com meu marido, Jonathan.

Eu, que me considerava uma pessoa mais reservada e distante, aprendi a nutrir um amor incondicional por esses jovens. Eles me ensinaram sobre resiliência, esperança e a força transformadora da educação. Através deles, pude trabalhar e expandir minha capacidade de amar incondicionalmente, aplicando isso não apenas no projeto de educação, mas também em todos os aspectos da minha vida.

Levar esses valores para a liderança transformou-me em um líder distinto. Um líder que realmente olha para as pessoas, que conversa com elas, que as ama e deseja o melhor para sua equipe. Compreendi que não existe sucesso individual isolado; o verdadeiro sucesso é o sucesso coletivo do time. Aprendi a moderar o ego, que, embora inerente a todos nós, não deve ser o principal conselheiro nas decisões. Buscar um consenso é essencial, mas também reconheço que, como líder, às vezes é necessário tomar decisões definitivas para que as coisas avancem.

A busca pelo consenso não significa indecisão ou falta de direção. Pelo contrário, permite que cada membro da equipe expresse suas ideias e contribua para a construção de soluções mais robustas e inovadoras. No entanto, há momentos em que a decisão final recai sobre mim, e neles é crucial agir com determinação e clareza. O equilíbrio entre ouvir e decidir é uma arte delicada na liderança, um equilíbrio que sempre busquei manter.

Nesse processo, aprendi que liderar não é apenas direcionar ou comandar, mas criar um ambiente onde cada pessoa se sinta valorizada, ouvida e motivada a contribuir com o seu melhor. É nutrir um espaço onde o respeito mútuo e a colaboração são a norma e em que o sucesso individual está intrinsecamente ligado ao sucesso coletivo.

The show must go on tornou-se um mantra para mim. No mundo dos negócios, assim como na vida, os desafios são constantes e as mudanças, inevitáveis. Como líder, meu papel é garantir que, independentemente dos obstáculos, continuemos avançando, crescendo e prosperando. É uma jornada contínua de aprendizado e adaptação, na qual cada membro da equipe desempenha um papel vital. E nessa jornada, o amor pelas pessoas, a paixão pelo que faço e a busca constante pelo equilíbrio entre ouvir e liderar têm sido os pilares que sustentam minha abordagem à liderança.

UMA JORNADA ESPIRITUAL

Minha espiritualidade, inicialmente moldada pela educação católica, sofreu uma transformação significativa ao longo dos anos. Na França, participei de uma igreja vibrante e acolhedora, mas, com o retorno do conservadorismo nos anos 1980, senti-me deslocado. No Brasil, minha experiência espiritual se aprofundou de maneira diferente, especialmente após conhecer a Casa do Zezinho e o terreiro da Tia Dag. Foi ela quem me introduziu ao mundo dos orixás, revelando-me Oxaguiã e Oxumaré, que representam, respectivamente, o líder empresarial e o ser emocional em mim. Essa descoberta foi um marco, ajudando-me a integrar essas duas facetas da minha personalidade.

A Tia Dag também me desafiou a expandir minha visão de mundo e humanidade. Ela me levou a pontos de prostituição no Rio de Janeiro, como a Vila Mimosa, para distribuir presentes a travestis e prostitutas. Essas experiências noturnas, embora perigosas, foram profundamente educativas. Elas me mostraram que, apesar das circunstâncias de vida desafiadoras, todos são seres humanos merecedores de respeito e compaixão. Esses momentos me ensinaram a importância de olhar além das aparências e de oferecer gentileza e atenção a todos, independentemente de sua situação.

Os valores de amor incondicional, amizade, educação e espiritualidade, que absorvi de figuras influentes como minha mãe, irmã, avó e Tia Dag, foram fundamentais em minha abordagem à liderança. Eles me moldaram como um líder diferente, alguém que procura compreender as complexidades humanas por trás de cada membro da equipe e que valoriza a empatia e a compaixão tanto quanto a eficiência e a produtividade. Tal abordagem holística à liderança não apenas enriqueceu minha vida profissional, mas também trouxe maior profundidade à minha vida pessoal.

Através dessas experiências, aprendi que a liderança vai além de simplesmente gerenciar uma equipe ou uma empresa. Trata-se de compreender e valorizar cada indivíduo, reconhecendo suas lutas e aspirações. Liderar é criar um ambiente onde as pessoas possam se desenvolver e prosperar, não só como profissionais, mas também como seres humanos completos. Esse entendimento me permitiu liderar com mais compaixão e eficácia, estabelecendo uma cultura de respeito mútuo e apoio nas organizações que liderei.

ABRAÇANDO A APRENDIZAGEM MÚTUA E VALORIZANDO A DIVERSIDADE

A jornada rumo à construção de um ambiente onde a aprendizagem mútua floresça e a diversidade seja genuinamente celebrada é, acima de tudo, uma ode à nossa incessante busca por crescimento e entendimento mútuo. A história da humanidade está repleta de figuras cujas vidas ilustram a força transformadora da educação e do diálogo. Nelson Mandela, com sua inabalável crença no poder da educação como a arma mais potente que se pode usar para mudar o mundo, é um farol de inspiração para todos nós. Sua jornada, do cárcere à presidência da África do Sul, destaca a aprendizagem e a inclusão como os pilares sobre os quais sociedades mais justas e equitativas são construídas.

Nesse caminho, os ensinamentos de filósofos como John Dewey ressoam com profunda relevância. Dewey, um defensor da educação como uma experiência viva que se desdobra em um contexto social, nos lembra que "A educação não é preparação para a vida; educação é a própria vida". Essa perspectiva destaca a importância de criar espaços de aprendizado que refletem a diversidade da vida humana e incentivam a participação ativa de todos.

A realidade, no entanto, apresenta um desafio formidável. Em um mundo onde a "indigência cognitiva" – um termo que denota a falta de capacidade ou vontade de envolver-se em processos de pensamento complexos – parece estar em ascensão, a necessidade de promover o questionamento crítico e o aprendizado contínuo nunca foi tão premente. Estudos mostram que a satisfação com a vida, a felicidade e o bem-estar estão intrinsecamente ligados ao nosso engajamento em experiências de aprendizagem significativas e à nossa capacidade de aceitar e celebrar nossas diferenças.

Diante dessa realidade, este capítulo se propõe a ser mais do que um simples conjunto de diretrizes. É um convite para embarcarmos em uma jornada coletiva de descoberta, na qual cada passo tomado em direção ao reconhecimento e à celebração da singularidade do outro enriquece nosso próprio entendimento do mundo. Ao implementarmos as etapas aqui propostas – desde reconhecer cada voz até agir com intenção – temos a oportunidade de transformar nossos ambientes de trabalho e nossas comunidades em espaços onde a diversidade seja não apenas aceita, mas fervorosamente valorizada.

O caminho à nossa frente é pavimentado com a promessa de um mundo onde a empatia, o respeito mútuo e o amor pelo aprendizado formam a espinha dorsal de nossas interações. Ao aceitarmos esse desafio, não estamos só adotando uma nova política ou prática; estamos redefinindo a maneira como vivemos, trabalhamos e nos relacionamos uns com os outros. E é nessa redefinição que encontramos a verdadeira essência do progresso humano – uma essência que está sempre em fluxo, sempre aprendendo, sempre crescendo.

Este capítulo, portanto, não é somente um guia – é um manifesto para a mudança, um apelo à ação para todos nós que acreditamos em um futuro mais inclusivo, diversificado e enriquecido pelo poder imutável do conhecimento e da compreensão mútua. Juntos, podemos criar um mundo onde a inovação, o respeito e o amor transcendem as palavras e se tornam a realidade vivida por cada indivíduo.

Esta versão ampliada busca trazer mais profundidade à introdução, tecendo aspectos históricos, filosóficos e atuais para enfatizar a importância e o impacto da aprendizagem mútua e da valorização da diversidade em nossas vidas e sociedades.

PLANO DE TRABALHO - CAPÍTULO 2

Passo 1: reconheça cada voz

Comece dando espaço para que cada membro da equipe compartilhe suas histórias e perspectivas. Isso pode ser feito em reuniões de equipe, nas quais cada um tenha oportunidade de falar sobre suas experiências ou contribuições recentes. O objetivo é criar um espaço onde todos se sintam ouvidos e valorizados. Cada um de nós tem algo para contribuir: uma experiência única, um talento, uma visão.

Passo 2: construa pontes de diálogo

Incentive conversas abertas sobre diferenças e semelhanças, transformando esses diálogos em oportunidades de aprendizado. Isso pode ser facilitado através de sessões regulares dedicadas ao compartilhamento de culturas, experiências de vida e pontos de vista profissionais.

Passo 3: promova a mentoria cruzada

Estabeleça programas de mentoria em que veteranos e novatos possam aprender uns com os outros. Essa troca não apenas enriquece o conhecimento individual, mas também fortalece os laços na equipe, promovendo uma cultura de respeito mútuo e apoio.

Passo 4: valorize a singularidade

Celebre as diversas origens e os talentos de sua equipe. Isso pode ser feito através da organização de eventos culturais ou dias temáticos que permitam aos membros da equipe expressarem e compartilharem sua herança cultural e seus interesses.

Passo 5: pratique o *feedback* positivo

Desenvolva uma cultura de *feedback* positivo e construtivo, de modo que o foco esteja no crescimento pessoal e profissional. *Feedbacks* regulares e significativos são essenciais para o desenvolvimento de um ambiente de trabalho baseado no respeito e na confiança mútua.

Passo 6: aja com intenção

Finalmente, reflita sobre como as suas ações e decisões diárias contribuem para um ambiente inclusivo. Esteja aberto a *feedbacks* e disposto a fazer ajustes em sua abordagem para garantir que todos na equipe se sintam valorizados e como parte integrante do sucesso coletivo.

O caminho adiante

Esse desafio vai além de implementar novas políticas ou práticas; trata-se de mudar a maneira como nos vemos e como vemos os outros. Ao abraçarmos a aprendizagem mútua e valorizarmos a diversidade, tanto enriquecemos nossas próprias vidas quanto fortalecemos as fundações sobre as quais nossas equipes e organizações são construídas. Juntos, podemos criar um ambiente de trabalho onde a inovação, o respeito e o amor não são apenas palavras, mas a realidade vivida por todos nós.

CAPÍTULO 3

O salto para o Brasil: conquistas e desafios

MUDANÇA PARA O BRASIL

A decisão de meu pai de aceitar o posto de superintendente do Banco Francês e Brasileiro em 1981 foi o ponto de partida para uma jornada que transformaria a minha vida de maneiras que eu jamais poderia imaginar. Eu, François Dossa, um jovem francês acostumado à rotina parisiense, me vi embarcando para um país totalmente desconhecido: o Brasil. Sem conhecimento da língua portuguesa e com poucas expectativas formadas, eu estava prestes a mergulhar em uma cultura rica e vibrante.

A chegada foi um espetáculo para os sentidos. Desembarcamos do voo da Air France no Galeão e fizemos conexão para Congonhas, pois o Aeroporto Internacional de São Paulo, em Cumbica, ainda não existia.

Ainda me lembro do calor abafado que me envolveu ao sair do avião, uma sensação estranhamente acolhedora. Minha mãe nos esperava no aeroporto, juntamente com Valdemar, o motorista de meu pai, que nos conduziu pela cidade em um carro chamado Landau. O trajeto até o apartamento na rua São Carlos do Pinhal foi minha primeira imersão na vibrante São Paulo. As ruas pulsavam com uma energia que eu nunca havia experimentado. Sentia-me estranhamente em casa, embora tudo fosse novo e desconhecido.

Meu pai, percebendo meu interesse crescente, propôs um desafio: aprender português em um mês. Com determinação, me inscrevi na Linguarama de Londres, na avenida Nove de Julho. Em quinze dias eu já conversava fluentemente, um feito surpreendente para mim, que sempre me considerei pouco apto para idiomas.

Minha jornada na Linguarama de Londres foi marcada por um encontro que se revelaria transformador. Conheci Myriam, uma professora de origem libanesa, cuja família residia no Planalto Paulista. Ela tinha uma irmã e dois irmãos, formando uma família grande e acolhedora. Myriam e eu desenvolvemos uma empatia imediata, e ela se tornou uma ponte valiosa para aprofundar meu entendimento da cultura brasileira, especialmente através da música.

Myriam me apresentou à música brasileira de uma maneira única. Ela preparava gravações em fitas cassete, uma tecnologia fartamente utilizada na época. Essas fitas vinham repletas de clássicos da MPB: Milton Nascimento, Maria Bethânia, Caetano Veloso, entre outros, passaram a fazer parte da minha rotina. A música brasileira, com sua riqueza e diversidade, do samba ao rock, da bossa nova à MPB, abriu um novo mundo para mim. Lembro-me especialmente de "Alegria, Alegria", de Ney Matogrosso, e de um rock de Eduardo Dusek, que provocava: "Troque seu cachorro por uma criança pobre". Essa letra me chocou e despertou uma curiosidade profunda sobre as realidades sociais do Brasil, algo impensável na França da época.

Os primeiros cinco anos no Brasil foram um período de descobertas e crescimento pessoal e profissional, tendo a música como um veículo poderoso para entender a alma brasileira. Meu pai me apresentou ao Carnaval do Rio e, quando conheci o samba, me tornei um admirador da Portela. O enredo sobre os orixás naquele primeiro ano me fascinou. "Okê, Oxóssi" ressoava enquanto eu tentava compreender o significado daquelas palavras e daquela cultura. Mais tarde, minha afinidade com a escola de samba Mangueira se fortaleceu em virtude de um samba-enredo sobre a negritude, que celebrava o negro como rei na verde e rosa da Mangueira. A ideia de que a escola de samba oferecia ao mais humilde a chance de se tornar rei por uma noite era algo incrivelmente poderoso e belo.

Minha história com aquele ritmo e o Carnaval não parou por aí. Todos os anos eu desfilava em uma escola de samba e cheguei a desfilar mais de cinquenta vezes na Sapucaí no decorrer da minha vida. Mas, no início, quando cheguei ao Brasil em 1984, participei de uma experiência única com a escola Alegria de Copacabana, do Grupo 3. Um amigo, Thierry Songeur, nos apresentou ao porteiro de seu prédio, membro da escola, que nos convidou a criar uma ala e desfilar. Nossos ensaios aconteciam na favela, e foi lá que tive meu primeiro contato real com essa realidade tão particular do Rio de Janeiro.

As imagens da favela, as pessoas impecavelmente limpas e arrumadas apesar das condições difíceis, a alegria e os sorrisos genuínos, tudo isso me marcou profundamente. Uma cena em particular nunca saiu da minha memória: uma mãe ensinando sua filha de quatro anos a sambar. A menina, com as mãos na cintura da mãe, fechava os olhos e seguia o ritmo. Era uma cena de amor, educação e tradição passando de geração em geração.

Nosso grupo, a "Ala da Bagunça", composto só de franceses, desfilou com a Alegria de Copacabana. Cantamos o samba sobre Aleijadinho e, no segundo ano, fomos bicampeões. Infelizmente, o terceiro ano foi cancelado devido à morte do chefe da favela, um lembrete da realidade brutal que também faz parte do Rio de Janeiro.

Nos anos seguintes, desfilei em várias escolas, como Salgueiro, Mangueira, Beija-Flor, Unidos da Tijuca e Portela. Cada escola tinha sua essência única, mas a Mangueira sempre falou mais alto ao meu coração. A energia da quadra, as cores, a bateria – tudo na Mangueira era vibrante e apaixonante.

O Carnaval, para mim, é a expressão máxima de arte, beleza e dedicação. Um ano inteiro de preparação para 1h20 de desfile. A concentração antes do desfile é um momento mágico, cheio de ansiedade e expectativa. E quando a escola finalmente entra na avenida, é uma sensação indescritível. Parece que todos os olhos da Sapucaí estão voltados para você, especialmente quando se está em um carro alegórico.

O Carnaval é um microcosmo do Brasil: a diversidade, a inclusão, a alegria e a resiliência. Nas escolas de samba, todos são iguais – advogados, faxineiros, economistas, todos juntos pelo samba. Essa experiência me ensinou muito sobre o Brasil, sobre a vida e sobre mim mesmo. Através do samba, da música e do Carnaval, eu encontrei uma conexão profunda com este país incrível, uma conexão que continuaria a influenciar minha vida de maneiras que eu jamais poderia ter imaginado.

O Brasil rapidamente se tornou mais do que um lugar de residência; tornou-se uma paixão. As férias se transformaram em uma exploração apaixonada do país, desde estágios em bancos até viagens inesquecíveis com amigos. Com Jerome e Isabelle, percorri a costa brasileira de ponta a ponta. Lugares como Maranhão e Bahia, ainda pouco explorados, se gravaram na minha memória. O Pelourinho, com sua história e energia, foi uma descoberta fascinante.

A decisão de estabelecer minha vida no Brasil foi consolidada quando optei por cumprir o serviço militar obrigatório na França servindo em um consulado. Minha fluência em português me abriu as portas do consulado francês em São Paulo, onde trabalhei na área de informática. Essa experiência foi o início de uma carreira promissora e me levou a um emprego na Alstom do Brasil.

Após cinco anos, a naturalização brasileira se tornou uma realidade. O processo culminou comigo cantando o hino nacional e recitando um artigo da Constituição, em meio a um grupo de coreanos. Foi um momento de grande emoção, que marcou minha escolha consciente pela nacionalidade brasileira.

A minha carreira profissional floresceu no Brasil, um país que me acolheu e moldou meu futuro de maneiras inimagináveis. Aprendi a navegar pelos desafios e a abraçar as oportunidades que surgiam. O Brasil não era apenas um lugar onde eu vivia; tornou-se uma parte da minha própria essência.

Embora a vida seja um ciclo de mudanças e o meu próximo passo me levasse de volta à França, o Brasil continuou pulsando em meu coração. As lições aprendidas, as amizades forjadas e as experiências vividas nesse país extraordinário continuariam a influenciar cada passo do meu caminho.

ASCENSÃO NO SOCIÉTÉ GÉNÉRALE

Doze anos após minha primeira estadia no Brasil, uma oportunidade única se apresentou: retornar, dessa vez como presidente do Banco Société Générale Brasil. Aos 38 anos, eu era o mais jovem presidente de um banco no país, um fato que me enchia de orgulho e responsabilidade. Lembro-me claramente da minha chegada, em 1999, um período marcado por crises e desafios econômicos.

O Brasil enfrentava uma crise econômica significativa, com um risco-país elevado, mas eu via além dos números. Para mim, não existia um único "risco-Brasil", mas sim "riscos-Brasis", uma tapeçaria de oportunidades e desafios variados. Essa percepção se aprofundou quando o tesoureiro do banco, ligado ao PT, me apresentou a duas figuras-chave: Antonio Palocci e Jorge Viana.

A primeira reunião, com Palocci, futuro ministro da Fazenda e articulador da pauta econômica do presidente Lula, foi esclarecedora. Ele me convenceu de que a abordagem econômica do Governo seria favorável ao mercado, dissipando muitas das minhas preocupações iniciais. A segunda reunião foi com Jorge Viana, governador do Acre, um Estado até então desconhecido para mim. Viana me introduziu à ideia de "florestania", a cidadania da floresta, e me falou sobre Chico Mendes e sua relação com Lula. Fiquei fascinado ao saber que a Amazônia abrigava na época vinte milhões de pessoas, uma realidade bem distante da imagem de uma floresta remota povoada apenas por animais selvagens.

Inspirado por essa conversa, convidei Jorge Viana a falar na Câmara de Comércio sobre a Amazônia e suas políticas inovadoras. Tal interação me levou a organizar uma viagem ao Acre com o embaixador da França e sua esposa. Visitamos Rio Branco, a casa de Chico Mendes em Xapurí e vimos de perto as iniciativas de Viana como governador. A forma como as pessoas nas ruas o chamavam e interagiam com ele era impressionante!

Essas experiências me revelaram duas faces do futuro Governo Lula: uma econômica, com Palocci, e outra social, com Viana. Ambas as perspectivas me ajudaram a compreender melhor o Brasil e a formar uma visão mais completa do que estava por vir. Jorge Viana se tornou um grande amigo e foi meu padrinho de casamento, pessoa com quem mantenho uma amizade até hoje.

Minha conexão com o Brasil se fortaleceu ainda mais quando organizei um evento em que o presidente Lula foi homenageado como "Homem do Ano". O presidente Sarkozy enviou a ministra da Economia, Christine Lagarde, para representá-lo, e durante o jantar surpreendemos todos com uma mensagem gravada de Sarkozy para Lula, na qual ele falava em português. Lula, ao meu lado, ficou visivelmente emocionado e surpreso. Seu discurso improvisado e carismático conquistou uma plateia diversificada, em que muitos dos quais não eram seus apoiadores.

Lula era um construtor de pontes – entre ricos e pobres, entre a França e o Brasil. Sua habilidade de se conectar com pessoas de todos os espectros sociais e políticos era única. Organizar esse prêmio para ele foi um momento de grande orgulho para mim, reafirmando minha crença na social-democracia e no poder das ideias progressistas.

No entanto, voltando à minha chegada ao Brasil, logo me deparei com um episódio em particular que se destacou, marcando um ponto de virada, tanto pessoal quanto profissional. Fui apresentado ao vice-presidente do Banco Société Générale Brasil, um encontro que inicialmente parecia ser apenas mais uma formalidade corporativa. Porém, para minha surpresa, descobri que ele era irmão gêmeo de um antigo colega de universidade. Eis que tal coincidência deu lugar a um desafio inesperado. Esse indivíduo começou a espalhar rumores sobre minha sexualidade, criando um ambiente de fofocas e desconforto.

Decidi enfrentar a situação. Em uma reunião com todo o meu comitê de direção, abordei o assunto abertamente. Com o coração batendo forte, revelei minha homossexualidade e deixei claro que não toleraria fofocas ou discriminação. Aquele momento foi crucial. Ao verbalizar minha verdade, senti um peso sendo retirado dos meus ombros. A transparência trouxe liberdade e uma nova onda de respeito e aceitação no ambiente de trabalho. Embora a jornada rumo à total aceitação ainda estivesse em andamento, aquele foi um passo significativo para mim.

Na época, o banco passou por um crescimento notável, de 74 para 3,5 mil funcionários em dez anos. Esse crescimento foi tanto numérico quanto estratégico. Focamos em expandir nossas operações em áreas-chave, como banco de investimentos, financiamento de grandes empresas e mercado de capitais. Trabalhamos com grandes nomes, como Petrobras e Vale, fortalecendo nossa presença no setor de *commodities*, um ponto forte do Société Générale. O banco tinha uma *expertise* significativa em *commodities* como açúcar, café e carne, setores vitais para a economia brasileira.

Uma parte crucial da nossa estratégia de crescimento envolveu aquisições significativas. O Banco Cacique e o Banco Pecunia, especializados em crédito ao consumidor e crédito consignado, foram incorporados ao nosso portfólio. Essas aquisições foram estratégicas para diversificar nossas operações e fortalecer a presença no mercado brasileiro. Aproveitamos o momento econômico favorável sob os mandatos do presidente Lula, quando o Brasil passou de um dos maiores riscos do mundo para alcançar o status de *investment grade*.

Minha gestão no Société Générale foi marcada por uma abordagem inovadora e adaptativa aos desafios econômicos do país. Consegui convencer a matriz na França de que os riscos no Brasil eram multifacetados e que, se bem gerenciados, poderiam gerar retornos significativos. Essa visão diferenciada permitiu que o banco se posicionasse de forma única no mercado, explorando nichos de mercado lucrativos e seguros, especialmente no setor de exportação e *agrobusiness*.

Além do sucesso corporativo, dediquei-me a estreitar os laços entre França e Brasil. Como presidente da Câmara de Comércio França-Brasil, trabalhei na aproximação dos dois países, culminando em eventos significativos durante 2009, o ano da França no Brasil. Tive a honra de receber duas condecorações significativas: a grande medalha de Tiradentes e a Légion d'Honneur francesa. Esses reconhecimentos simbolizavam a ponte que eu havia construído entre as duas nações, uma ponte que se tornou ainda mais real com a construção da ponte física no Oiapoque.

Essa fase no Brasil, liderando o Société Générale, foi um período de crescimento e transformação. Enquanto me estabelecia como um executivo de sucesso, também me aprofundava nas questões sociais e humanas que moldam a realidade brasileira. Para todos os fins, foi um tempo de aprendizado, desafios e, acima de tudo, transformação pessoal e profissional.

No entanto, foi a minha imersão nas realidades sociais do Brasil o que mais me transformou. A disparidade entre ricos e pobres era gritante. Condomínios fechados e carros blindados coexistiam com pessoas dormindo nas ruas. Essa realidade me impulsionou a criar o Instituto Société Générale de Responsabilidade Social. Começamos com um orçamento modesto, mas com grandes ambições. Visitei projetos e favelas, abrindo meus olhos para as duras realidades do país: a pobreza, a falta de educação e de saúde.

Comecei a perceber o impacto que poderia ter na vida das pessoas, não apenas no âmbito financeiro, mas também no social. A responsabilidade social tornou-se uma paixão, e trabalhar com ONGs, como a Gol de Letra, do ex-jogador Raí, e a Casa do Zezinho, da Tia Dag, tornou-se uma parte essencial da minha missão.

Levei meu comitê de direção para experiências imersivas na favela, mostrando-lhes uma realidade distante de seus escritórios luxuosos. Trabalhamos lado a lado com crianças e jovens do Capão Redondo, uma experiência que abriu os olhos de muitos e desfez preconceitos. As crianças, com suas histórias de vida duras e realidades cruéis, nos mostraram a importância de construir pontes entre mundos distintos.

Através dessas experiências, minha compreensão sobre justiça e injustiça se aprofundou. A realidade das mulheres, dos negros e dos gays no Brasil, enfrentando desafios muito maiores, me tocou profundamente. Tornou-se claro para mim que minha posição era não apenas de liderança corporativa, mas também de agente de mudança social. Essa fase no Société Générale, portanto, trouxe crescimento bancário, mas também crescimento humano, com a chance de construir pontes e fazer a diferença na vida das pessoas.

Foi nesse contexto que conheci a Casa do Zezinho e a Tia Dag, uma mulher extraordinária que se tornou uma figura fundamental em minha vida. A metodologia do arco-íris da Casa do Zezinho, que guiava crianças e jovens através de um caminho de cores representando diferentes estágios de desenvolvimento, era revolucionária. Cada cor representava um ano de aprendizado, e as crianças precisavam passar por todas as cores do arco-íris até estarem prontas para enfrentar o mundo. Essa abordagem simbolizava uma jornada de crescimento e descoberta, preparando-as não apenas academicamente, mas também emocional e socialmente.

Uma história contada por Tia Dag, que ela incluiu em um de seus livros, me marcou profundamente. Era a história de uma menina de doze anos de idade que expressou o desejo de se tornar prostituta, a fim de ajudar financeiramente a sua mãe. A resposta de Tia Dag a essa declaração foi tanto surpreendente quanto iluminadora. Ela não repreendeu a menina; em vez disso, propôs que, se ela quisesse ser prostituta, deveria ser em Brasília, onde poderia ganhar mais. Tia

Dag explicou que as prostitutas em Brasília eram educadas, falavam bem e cuidavam da aparência. Essa conversa foi o início de um caminho educacional para a menina, que acabou se tornando dentista.

A abordagem inusitada de Tia Dag à situação da menina revelou uma profunda compreensão da psicologia humana e da educação. Ela usou a realidade da menina para guiá-la por um caminho de autovalorização e possibilidades. Com isso, gerou uma lição poderosa sobre como a educação pode ser um ato de amor e empatia, adaptando-se às necessidades e realidades de cada indivíduo.

Tia Dag, além de fundadora da ONG, era mãe de santo, revelando-me a riqueza da cultura afro-brasileira. O nosso encontro foi um divisor de águas. Pela primeira vez, falei abertamente sobre minha sexualidade no ambiente de trabalho, um passo gigantesco na minha jornada pessoal. A aceitação e a liberdade que senti após essa revelação foram transformadoras. Percebi que, ao abraçar minha verdadeira identidade, eu poderia inspirar outros a fazerem o mesmo.

Aquele período também foi marcado por um profundo envolvimento com diferentes setores da economia brasileira. Conheci CEOs de grandes empresas, explorei o Nordeste, visitei usineiros em Maceió, frigoríficos no interior de São Paulo e projetos sociais no Caju. Essas experiências reforçaram minha crença na importância de conectar diferentes realidades – ricos e pobres, empresas e comunidades, governo e ONGs. Foi uma fase de aprendizado, na qual cada encontro e cada história contribuíam para o meu crescimento pessoal e profissional.

DESMISTIFICANDO O HERÓI SOLITÁRIO

O mito do herói solitário, enraizado profundamente em nossas narrativas culturais, sugere que grandes feitos são alcançados por meio de esforços individuais. No entanto, a realidade é frequentemente mais complexa e interconectada. Lembre-se da história de Marie Curie, pioneira no campo da radioatividade, cujas descobertas não foram fruto apenas de seu gênio isolado; também houve colaboração com Pierre Curie. Sua jornada sublinha que mesmo os mais impressionantes feitos científicos são, muitas vezes, colaborações profundas, mesclando amor, parceria e intelecto compartilhado.

Os filósofos gregos Aristóteles e Sócrates também nos oferecem *insights* valiosos sobre a natureza do sucesso e da aprendizagem. Aristóteles, com sua noção de *zoon politikon*, lembra-nos de que somos seres inerentemente sociais, cuja existência e bem-estar dependem de nossa capacidade de viver em comunidades. Sócrates, por sua vez, através do diálogo socrático, demonstrou que o verdadeiro entendimento e conhecimento emergem da troca de ideias e da interrogação conjunta, não do isolamento.

Além disso, estudos modernos sobre felicidade e realização pessoal corroboram a importância das relações humanas e do engajamento comunitário para o bem-estar individual. Um estudo seminal da Harvard University, o Estudo do Desenvolvimento Adulto, revelou que as conexões humanas são um dos maiores preditores de felicidade e saúde ao longo da vida, enfatizando que o sucesso e o bem-estar são construídos sobre alicerces de relações significativas e apoio mútuo.

Este capítulo procura desafiar a noção de que estamos sozinhos em nossas jornadas. Ao abrir-se a novas culturas, valorizar conexões humanas, colaborar e aprender, reconhecer a importância da comunidade e enfrentar desafios com resiliência, embarca-se em uma jornada coletiva de crescimento e descoberta. O Brasil, com sua vibrante diversidade e complexidade social, serviu como um poderoso lembrete de que a força verdadeira não é individual; ela emerge da nossa capacidade de nos unirmos, de compartilhar conhecimentos e apoiar uns aos outros.

Assim, encorajo você, leitor, a repensar a imagem do herói solitário e a reconhecer o valor imensurável da colaboração, da empatia e da aprendizagem contínua. Que possamos todos abraçar a rica tapeçaria de nossas conexões humanas, celebrando a beleza da diversidade e o poder transformador da comunidade.

PLANO DE TRABALHO - CAPÍTULO 3

Passo 1: abra-se às novas culturas

- Ação: permita-se ser um eterno aprendiz, aberto e curioso sobre novas culturas e experiências. Busque entender, não julgar.
- Objetivo: encontrar valor e ensinamentos nas diferenças, fortalecendo sua capacidade de empatia e conexão.

Passo 2: valorize as conexões humanas

- Ação: cultive relações autênticas, reconhecendo o papel de cada indivíduo em sua jornada. Compartilhe suas histórias e ouça atentamente as histórias dos outros.
- Objetivo: construir pontes entre diferentes mundos e perspectivas, reconhecendo que cada pessoa é uma parte crucial do tecido social.

Passo 3: colabore e aprenda

- Ação: engaje-se em projetos colaborativos, tanto no âmbito profissional quanto no pessoal. Aprenda a delegar, confiar e contribuir para o sucesso coletivo.
- Objetivo: descobrir a força que reside na colaboração e na complementaridade de habilidades e conhecimentos.

Passo 4: reconheça a importância da comunidade

- Ação: envolva-se com a comunidade local, participando de iniciativas que promovam o bem-estar coletivo. Seja um agente de mudança positiva.
- Objetivo: compreender o impacto que podemos causar quando unimos forças para o bem comum, superando o individualismo.

Passo 5: encare desafios com resiliência

- Ação: ao enfrentar desafios, lembre-se de que não está sozinho. Busque apoio e seja um suporte para os outros.
- Objetivo: reforçar a ideia de que a resiliência é amplificada pela solidariedade e pelo apoio mútuo.

Essa jornada me ensinou que, longe de sermos heróis solitários, somos partes de uma comunidade interconectada. A verdadeira força vem da nossa capacidade de nos unirmos, aprendermos uns com os outros e apoiarmos as jornadas individuais e coletivas. O Brasil, com sua diversidade e complexidade, reforçou minha crença na colaboração, na humildade de aprender constantemente e na riqueza que encontramos na diversidade. Desafio você, leitor, a abraçar essas lições, a olhar para além do mito do herói solitário e a descobrir o poder da nossa conexão humana compartilhada.

CAPÍTULO 4

Nissan: uma jornada de inclusão e inovação

A minha jornada na Nissan começou de forma inesperada, mas se revelou uma das experiências mais enriquecedoras da minha vida. Em 26 de dezembro de 2011, Carlos Ghosn, presidente da Aliança Renault-Nissan, uma pessoa que eu conhecia superficialmente, me convidou para um projeto desafiador: liderar a Nissan no Rio de Janeiro. Embora eu não tivesse experiência no setor automotivo, Ghosn estava convencido de que meu conhecimento profundo do Brasil era aquilo de que a Nissan precisava. Em vinte minutos, ele me convenceu a aceitar o desafio, mudando o curso da minha carreira.

Desde meu início na Renault-Nissan, a jornada que empreendi foi marcada por desafios e aprendizados. Contudo, o que realmente deu significado a esse percurso foram as pessoas com quem cruzei e os impactos que, juntos, conseguimos criar.

Ao chegar à Nissan, encontrei um ambiente carregado de tensões políticas e desafios sem precedentes. Foi através da construção de relações baseadas na lealdade e na verdade que conseguimos superar cada obstáculo. Meu trabalho não era apenas liderar; era criar um espaço onde todos se sentissem valorizados e motivados a contribuírem com o seu melhor.

Junto à equipe, trabalhamos incansavelmente, ultrapassando expectativas e transformando a Nissan em líder no mercado de SUV. Cada vitória, porém, não era apenas minha, mas de todos nós, fruto de um trabalho coletivo e da convicção compartilhada em nossos objetivos.

Outra experiência notável foi a criação da Alliance Ventures, onde Caroline Sasia, minha *chief of staff*, destaca a essência do meu método de gestão. "François é um verdadeiro revelador de talentos e um impulsionador de confiança. Sua habilidade em unir pessoas diversas em torno de uma visão comum é notável. Ele nos ensinou a valorizar as belezas intrínsecas e os talentos de cada indivíduo, criando valor infinito para nós e nosso entorno. Ao seu lado, aprendi a importância da coconstrução e da abertura de espírito", destacou Caroline. Sua perspectiva me fez perceber ainda mais o poder da empatia e da colaboração.

Além disso, o relato de um ex-supervisor ilustra o impacto da minha abordagem ao longo dos anos. "François sempre teve uma visão clara e a comunicava com paixão, fazendo de seus colaboradores verdadeiros embaixadores de suas ideias. Sua dedicação total, que ele próprio define como 'fanatismo', foi a chave para alcançar resultados excepcionais, sempre com um extraordinário senso de empatia", lembrou.

Essas histórias, mais do que lembranças, são testemunhos do poder da liderança que busca não somente alcançar objetivos, mas também inspirar e transformar vidas. Através dessas experiências, reafirmo meu compromisso de continuar sendo um agente de mudança, representando não apenas a comunidade LGBTQIA+, mas todas as minorias, sempre lutando por um mundo mais inclusivo e justo.

Assumi a posição na Nissan em maio de 2012, e minha primeira missão foi monumental: construir uma fábrica em Resende em apenas 21 meses. A complexidade desse empreendimento se tornou clara logo no início, quando enfrentei um desafio ambiental significativo. Uma reportagem no rádio mencionava um problema com um pássaro que fazia ninho no local da futura fábrica.

Decidi enfrentar a questão com transparência e contratamos o Dr. Rogério Zouein, um advogado ambientalista. Juntos, trabalhamos com o Ministério Público para resolver a situação, dando compensações ambientais e iniciando um programa de plantio de árvores. Essa experiência foi uma profunda lição sobre sustentabilidade e a importância de proteger o meio ambiente.

O projeto mais ambicioso e desafiador foi, sem dúvida, a construção da fábrica. O empreendimento não era apenas uma questão de erguer uma estrutura física; tratava-se de estabelecer a Nissan como uma força significativa no mercado automotivo brasileiro. O prazo para a construção da fábrica, como disse, era de apenas 21 meses, um período extremamente curto para um projeto daquela magnitude. Estávamos planejando uma fábrica com capacidade para produzir duzentos mil carros e motores por ano, além de um parque de fornecedores – um desafio logístico e de engenharia de proporções gigantescas.

A construção da fábrica também me colocou frente a frente com a realidade da corrupção no Brasil. Adotei uma política de tolerância zero, uma decisão que foi posta à prova quando descobrimos um esquema de notas frias entre os operários enviados para treinamento no México. A decisão de demitir os envolvidos, apesar das pressões, reforçou a cultura de integridade na empresa.

Com isso, chegaram em Resende 130 japoneses, para quem foram exigidas adaptações culturais significativas. Transformamos um restaurante italiano em japonês e introduzimos o samba na fábrica, criando um ambiente acolhedor e integrado. Além disso, tornamo--nos patrocinadores da escola de samba Salgueiro, uma parceria que trouxe alegria e cultura brasileira para a empresa.

A decisão de patrocinar o Salgueiro foi um movimento estratégico e ao mesmo tempo desafiador. Estava ciente das complexas relações entre o samba e o jogo do bicho e da importância de proteger a imagem de Carlos Ghosn e da Nissan. Escolhemos o Salgueiro, uma escola com uma presidenta respeitada, Regina Celi, que oferecia a confiança e a estabilidade que procurávamos. A parceria de três anos com o Salgueiro foi extraordinária, culminando com a inclusão de um carro elétrico da Nissan no desfile de 2015.

Trabalhar com Renato Lage, o carnavalesco, foi uma experiência incrível. Ele visitou nosso estúdio de *design* em San Diego e percebeu as semelhanças entre a construção de carros alegóricos e automóveis. Ambos os processos requerem engenharia, criatividade e um rigoroso cumprimento de prazos. Essa compreensão mútua abriu caminho para uma colaboração profunda, em que os membros da escola de samba visitaram nossa fábrica para entender como funcionava o nosso processo de produção. Foi uma troca de conhecimentos e experiências que beneficiou ambas as partes.

A parceria também se estendeu à segurança. Fiquei surpreso ao descobrir a falta de medidas de segurança nos barracões do samba, e nos comprometemos a compartilhar nossas práticas de segurança com a escola. Essa colaboração foi além do patrocínio; foi uma verdadeira integração de valores e conhecimentos – outra ponte estabelecida entre Brasil e Japão, entre Carnaval e indústria.

Os ensaios do Salgueiro aos sábados se tornaram eventos alegres e imersivos para nossos funcionários, concessionários e parceiros, refletindo a essência vibrante do Brasil. A inauguração da fábrica da Nissan foi um momento marcante, com a bateria do Salgueiro trazendo ritmo e energia para o evento.

Além disso, os Jogos Olímpicos de 2016 foram uma oportunidade única para a Nissan. Carlos Ghosn havia decidido que seríamos patrocinadores dos Jogos, o que proporcionaria uma visibilidade sem precedentes para a marca. Antes mesmo de eu entrar na empresa, já estava decidido que lançaríamos um carro mundial para os Jogos, o Nissan Kicks.

A criação do Nissan Kicks foi um marco pessoal e profissional para mim. Desde o início, acompanhei cada etapa do desenvolvimento desse carro, que rapidamente se tornou um símbolo da inovação e do compromisso da Nissan com o Brasil. Vi o primeiro protótipo ser revelado no São Paulo Motor Show, acompanhei os testes iniciais e testemunhei sua evolução até se tornar o carro oficial dos Jogos Olímpicos de 2016. O Nissan Kicks não era apenas um produto; era uma extensão da nossa visão e do nosso esforço.

A Catherine Peres foi minha aliada no desenvolvimento do Nissan Kicks no Japão. Catherine, uma francesa trabalhando no Japão, era a chefe de produto do Nissan Kicks, e nossa parceria foi crucial para o sucesso desse projeto.

Mulher de personalidade forte e determinada, enfrentava o desafio de ser uma líder feminina em um ambiente predominantemente masculino e em uma cultura tão distinta quanto a japonesa. Sua jornada não foi fácil. Ela lidou com as complexidades de trabalhar em um país estrangeiro e em um setor dominado por homens, enfrentando preconceitos e superando barreiras significativas.

Quando começamos a trabalhar juntos no projeto do Kicks, percebi rapidamente a paixão e o comprometimento de Catherine com o carro. Ela tinha não somente uma visão clara para o veículo, mas também uma compreensão profunda do que seria necessário para torná-lo um sucesso, tanto no Brasil quanto globalmente. Sua abordagem era meticulosa e exigente, o que às vezes a tornava uma figura polêmica entre a equipe. No entanto, eram essas mesmas tenacidade e atenção aos detalhes que garantiam a qualidade e a inovação do produto.

Nossa colaboração foi marcada por intensas sessões de trabalho, discussões sobre *design*, funcionalidade e adaptabilidade do carro a diferentes necessidades e mercados. Catherine tinha uma habilidade única de equilibrar as exigências técnicas com as demandas comerciais, sempre mantendo o foco na experiência do usuário final.

Além do aspecto profissional, nossa relação evoluiu para uma amizade sincera. Catherine compartilhou comigo não apenas suas experiências profissionais, mas também suas vivências pessoais, como a decisão de adotar duas crianças japonesas com seu marido, também francês. Essas conversas abriram janelas para compreender as muitas facetas de sua vida, revelando uma mulher que, apesar da aparência dura e profissional, tinha um coração caloroso e uma capacidade incrível de empatia e compaixão.

O sucesso do Nissan Kicks no Brasil e, posteriormente, em outros mercados é um testemunho do trabalho árduo, da dedicação e da colaboração entre culturas e perspectivas diferentes. Catherine, como a mãe do Kicks, desempenhou um papel fundamental nesse sucesso. Nossa parceria mostrou como a diversidade de pensamento e experiência pode levar a resultados extraordinários. Até hoje, nossa amizade perdura, um legado duradouro de um projeto que transcendeu as fronteiras tradicionais do mundo corporativo.

Como parte do patrocínio da Nissan à tocha olímpica, o Kicks percorreu o Brasil, acompanhando o carregador da tocha durante cem dias. Essa jornada pelo país foi uma experiência incrível, especialmente as etapas no Nordeste e no Norte, onde pude sentir de perto a energia e a paixão do povo brasileiro.

O projeto dos Jogos Olímpicos foi uma empreitada de quatro anos que lideramos com um grande time de marketing e produção. Foi o projeto profissional da minha vida, culminando em um *case* de sucesso estudado por Wharton e INSEAD. A chave para esse sucesso foi uma decisão estratégica: em vez de dispersarmos nossos esforços em muitas ativações, optamos por focar poucas, mas impactantes. Dominamos o aeroporto do Galeão com imagens do nosso embaixador, o velocista Usain Bolt, e transformamos um hotel em Copacabana no Hotel Nissan Kicks, um verdadeiro ponto de encontro durante os Jogos. O *rooftop* do hotel se tornou um local para *pocket shows* transmitidos ao vivo, atraindo milhões de visualizações e associando fortemente o termo "Nissan Kicks" à marca.

Durante os Jogos Olímpicos, morei no Hotel Nissan Kicks, onde começávamos as reuniões de trabalho às seis da manhã e seguíamos até altas horas. Foi uma operação de guerra, mas extremamente gratificante. A Casa Nissan, localizada na Vila Olímpica, no bairro da Tijuca, se tornou outro ponto de encontro essencial, assim como a torre olímpica patrocinada por nós. Transportamos todas as delegações de atletas e oficiais em carros Nissan, uma operação que envolveu quatrocentas pessoas da nossa equipe. O resultado foi um aumento expressivo da nossa participação de mercado e a transformação da Nissan em uma empresa lucrativa no Brasil.

Refletindo sobre o legado dos Jogos Olímpicos, decidi que era essencial deixar uma marca social duradoura. Assim nasceu o projeto Caju, uma escola de capacitação construída na favela do Caju. Embora o projeto de transformação total da favela não tenha se concretizado devido à falta de interesse de outras empresas, a escola se tornou um sucesso, capacitando jovens para o mercado de trabalho; alguns inclusive encontraram emprego na própria fábrica da Nissan em Resende.

Além disso, construímos uma escola diferenciada em Resende, com teto solar e um compromisso de financiar os professores por dez anos. Essa escola, entregue ao município, continua sendo um símbolo do nosso compromisso com a educação e o desenvolvimento comunitário.

Para mim, construir e deixar um legado sempre foi o aspecto mais gratificante do meu trabalho. Seja através da fábrica, das escolas ou do projeto olímpico no Caju, cada iniciativa refletiu meu desejo de contribuir positivamente para o Brasil, não apenas economicamente, mas também social e culturalmente. Esses projetos não foram meros investimentos corporativos; foram investimentos no futuro do país e de seu povo.

Minha jornada na Nissan, embora repleta de sucessos, também enfrentou períodos turbulentos. Como alguém que vinha do setor bancário, sem uma experiência prévia no mundo automotivo, minha nomeação como presidente gerou questionamentos internos. Muitos se perguntavam por que Carlos Ghosn escolhera um banqueiro para liderar um projeto tão ambicioso. Na empresa, frequentemente se referiam a mim como um "FoG" – Friend of Ghosn –, termo que, para alguns, significava uma figura a ser desafiada ou até mesmo derrubada.

A situação se intensificou com a promoção de José Valls, ex-presidente da Nissan México, para presidente da Nissan Mercosul. Valls, com sua postura imponente e *background* robusto na indústria, via em mim um "FoG", um obstáculo a ser superado. Sua estratégia incluiu a nomeação de um diretor comercial diretamente sob minha supervisão, um executivo da GM, que trouxe consigo uma equipe de trinta pessoas da mesma empresa. Essa manobra parecia ter um objetivo claro: minar minha autoridade e preparar o terreno para a minha eventual saída.

Nesse cenário complexo e, por vezes hostil, minha resposta foi criar um círculo de confiança, formado por três aliados estratégicos na empresa: Marcia, encarregada das relações governamentais; Dr. Roderlei, o diretor jurídico; e Vera, a diretora de RH. Eles se tornaram meus olhos e ouvidos na organização, protegendo-me das manobras internas e assegurando que eu mantivesse minha influência e posição. Sem o apoio inabalável desses três, teria sido quase impossível resistir às pressões e seguir em minha posição de liderança.

Aquela foi uma fase marcada por uma atmosfera de incertezas e tensões. Enfrentei uma enxurrada de boatos e estratégias políticas destinadas a desestabilizar a minha liderança. No entanto, mantive-me firme, focado na visão e nos objetivos que tinha para a Nissan no Brasil. A experiência que resultou disso me ensinou lições valiosas sobre a importância de construir e manter uma equipe de confiança e sobre a necessidade de permanecer resiliente e focado, mesmo quando confrontado com adversidades internas.

Carlos Ghosn, apesar de ser o arquiteto da minha entrada na Nissan, estava frequentemente ausente devido às suas responsabilidades globais, incluindo a gestão da Renault e, posteriormente, a integração da Mitsubishi. Essa ausência deixava um vácuo que Valls e sua equipe tentavam preencher, aumentando a complexidade do jogo de poder na empresa.

Navegar por essas águas turbulentas foi um teste de resistência, habilidade política e determinação. Aprendi a importância de manter a calma em meio à tempestade, de confiar na minha equipe e de nunca perder de vista os objetivos maiores da organização. Esses desafios, embora difíceis, foram cruciais para o meu crescimento como líder e para a consolidação da Nissan como uma marca de destaque no mercado brasileiro.

Em paralelo aos Jogos Olímpicos, um evento que transformou a percepção da Nissan no Brasil, voltei minha atenção para um projeto ambicioso: a criação do Instituto Nissan. Inspirado pelo sucesso do Instituto Société Générale, apresentei a Carlos Ghosn um plano detalhado, enfatizando a necessidade de focar a educação. Ghosn, sempre visando à grandeza, desafiou-me a ir além, a construir algo ainda mais impactante.

O processo de estabelecimento do Instituto Nissan foi muito gratificante. Convocamos voluntários da empresa e formamos uma equipe dedicada e motivada. O Instituto começou escolhendo projetos para patrocinar: manteve a Casa do Zezinho e a Gol de Letra e expandiu para novas iniciativas.

Um dos primeiros projetos em parceria com a Essilor focou a distribuição de óculos nas escolas. Descobrimos que muitos alunos tinham problemas de visão não diagnosticados, o que afetava o aprendizado. O projeto que começou no Rio de Janeiro logo se espalhou para outras cidades.

Além disso, o Instituto abordou questões de raça e diversidade. No Dia da Consciência Negra, organizamos eventos para discutir a história afro-brasileira. Inicialmente, esses eventos atraíam principalmente jovens e mulheres, mas, com o tempo, a inclusão de temas como a comunidade LGBT começou a atrair um público mais amplo.

Promover a igualdade de gênero foi outro foco. Implementei programas de mentoria para mulheres, visando aumentar sua presença em cargos de liderança. Durante minha gestão, promovi quatro mulheres a posições diretivas, alterando significativamente a dinâmica da empresa. Contudo, após minha saída, observei que esses avanços não foram mantidos, o que reforçou minha crença na importância de políticas de cotas.

Os Jogos Olímpicos também foram um período de aprendizado intenso. Adotamos o conceito dos "Atrevidos" para nossa campanha, refletindo nossa abordagem inovadora. "Atrevidos" é um grupo de atletas nos quais decidimos investir.

Escolhemos apoiar atletas jovens e promissores, fomentando seu desenvolvimento. Um momento marcante foi a conquista do bronze por Caio, um atleta paralímpico de remo. Sua jornada de superação foi uma fonte de inspiração.

Caio era um jovem cheio de vida e sonhos, mas um trágico acidente de moto mudou seu destino para sempre, resultando na perda de uma perna. Para muitos, isso poderia significar o fim de muitas aspirações, mas para Caio foi o início de uma nova jornada. Com determinação inabalável, ele se reconstruiu, não apenas fisicamente, mas também mental e emocionalmente, transformando-se em um atleta paralímpico de remo.

Acompanhei de perto a evolução de Caio. A dedicação e o trabalho árduo eram evidentes em cada treino, em cada competição. Ele se tornou parte do "Time dos Atrevidos" da Nissan. Durante quatro anos, trabalhamos com Caio e outros 23 atletas, não aprimorando suas habilidades esportivas, mas desenvolvendo suas capacidades de liderança, comunicação e responsabilidade social.

O dia da corrida paralímpica foi um misto de tensão e expectativa. A lagoa Rodrigo de Freitas, no Rio de Janeiro, estava repleta de espectadores e o ar, carregado de emoção. Caio entrou na água, determinado, focado e pronto. Durante a disputa, cada remada era um testemunho de sua força e determinação. Quando ele cruzou a linha de chegada, conquistando a medalha de bronze, foi um momento de pura alegria e realização.

O que aconteceu depois foi ainda mais tocante. Na arquibancada, estávamos todos celebrando, mas percebi algo na expressão de Caio. Ele parecia feliz, mas ao mesmo tempo havia certo desapontamento. Após a cerimônia, ele veio até mim, subindo as arquibancadas com esforço. Seu abraço foi forte e emocionado. "Desculpe", ele disse, "não era o metal que eu queria te dar." Essas palavras me tocaram profundamente. Mesmo após conquistar uma medalha paralímpica, Caio ainda sentia que poderia ter feito mais. Para mim, isso definiu o que significa ser um atleta – a constante busca pela excelência, não apenas por medalhas, mas por superar seus próprios limites.

Minha jornada na Nissan foi mais do que uma experiência profissional; foi um percurso humano enriquecedor. Através do Instituto Nissan, das iniciativas de diversidade e inclusão e do apoio aos atletas olímpicos, pude contribuir para mudanças significativas não apenas na empresa, mas também na sociedade brasileira. O Nissan Kicks, um projeto que me orgulho de chamar de "meu filho", é um testemunho do trabalho árduo, da paixão e da inovação que caracterizaram minha passagem pela Nissan.

MANTENDO-SE FIEL AOS SEUS VALORES

Minha jornada na Nissan, uma viagem repleta de aprendizado e desafios, foi também uma profunda reflexão sobre o significado de ser fiel aos próprios valores. Ao enfrentar as complexidades da liderança em um ambiente multicultural e em rápida mudança, descobri que nossos valores são o farol que nos guia através das tempestades da incerteza e da pressão.

Como disse Aristóteles, "A excelência não é um feito, mas um hábito". Essa jornada reafirmou minha crença de que a verdadeira excelência em liderança se baseia não apenas em alcançar objetivos corporativos, mas também em como esses objetivos são alcançados. Respeito, integridade e busca por inovação sustentável foram valores que orientaram cada decisão que tomei, moldando tanto a cultura da empresa quanto a minha própria identidade como líder.

A história da Nissan no Brasil é um testemunho da força que encontramos quando permanecemos fiéis aos nossos valores fundamentais. A criação do Projeto de Diversidade e o empenho em ações de responsabilidade social são exemplos de como valores profundamente enraizados podem impulsionar mudanças positivas, mesmo diante de desafios formidáveis. Essas iniciativas não foram apenas estratégias corporativas; elas refletiram um compromisso pessoal com um mundo mais inclusivo e sustentável.

A experiência na Nissan me ensinou que, embora possa ser tentador fazer concessões em momentos de pressão, a longo prazo é a fidelidade aos nossos valores que define o sucesso verdadeiro e duradouro. Como líder, enfrentei situações em que meus princípios foram testados, mas foi minha adesão inabalável a esses valores que me permitiu navegar por águas turbulentas, ganhando o respeito e a admiração de minha equipe.

Viktor Frankl, em sua obra seminal *Em busca de sentido*, nos lembra que "quando não somos mais capazes de mudar uma situação, somos desafiados a mudar a nós mesmos". Essa mensagem ressoou profundamente durante minha estadia na Nissan, reforçando a ideia de que a fidelidade aos nossos valores permite que a transformação aconteça também em nós mesmos, e não só nos ambientes em que trabalhamos.

A capacidade de permanecer fiel aos seus valores diante de adversidades é uma das maiores provas de caráter e liderança. Na Nissan, aprendi que a verdadeira liderança é medida não pelo número de sucessos, mas pela capacidade de permanecer verdadeiro a si mesmo e aos seus valores, independentemente dos desafios. Essa lição é um convite para refletirmos sobre nossos próprios valores e como podemos defendê-los, mesmo em meio aos obstáculos mais significativos.

Ao refletir sobre minha jornada e os desafios enfrentados, convido você, caro leitor, a considerar a importância de viver de acordo com seus valores. Que este capítulo sirva não apenas como um relato das minhas experiências, mas também como um guia para superar suas próprias batalhas, mantendo-se fiel ao que é mais precioso para você.

PLANO DE TRABALHO - CAPÍTULO 4

Passo 1: identifique seus valores fundamentais

- Ação: dedique um tempo para refletir profundamente sobre os valores mais importantes para você. Estes podem incluir integridade, respeito, sustentabilidade, diversidade, inovação ou qualquer outro adequado à sua visão de mundo.
- Objetivo: ter clareza de seus valores fundamentais para que possa orientar suas decisões e ações.

Passo 2: avalie seu ambiente

- Ação: observe o ambiente em que você opera, seja no trabalho, na comunidade ou em grupos sociais. Avalie se esse ambiente apoia ou desafia seus valores fundamentais.
- Objetivo: compreender o contexto em que você precisa aplicar e defender seus valores.

Passo 3: aja com integridade

- Ação: em situações nas quais os seus valores são desafiados, seja proativo. Tome decisões e aja de maneira que reflita esses valores, mesmo que isso signifique enfrentar resistência ou tomar caminhos mais difíceis.
- Objetivo: demonstrar compromisso com seus valores através de ações concretas.

Passo 4: promova a mudança positiva

- Ação: use sua influência para promover mudanças positivas que estejam alinhadas aos seus valores. Isso pode envolver liderar pelo exemplo, incentivar conversas sobre ética e valores ou implementar políticas e práticas que refletam esses princípios.
- Objetivo: contribuir para a criação de um ambiente que valorize e respeite os mesmos princípios que você considera importantes.

Passo 5: construa alianças

- Ação: busque aliados que compartilhem de seus valores fundamentais. Juntos, vocês podem oferecer suporte mútuo, compartilhar estratégias e trabalhar coletivamente para superar desafios.
- Objetivo: fortalecer sua capacidade de manter seus valores através de apoio e colaboração com outros.

Em "Nissan, uma jornada de inclusão e inovação", aprendi que manter-se fiel aos próprios valores, mesmo em face de desafios significativos, não é apenas possível, mas essencial para alcançar sucesso e satisfação duradouros. Esse caminho pode não ser o mais fácil, mas é, sem dúvida, o mais gratificante. Assim, encorajo você a abraçar seus valores fundamentais e a nunca os comprometer, pois são eles que definem quem você é e o legado que você deseja deixar.

CAPÍTULO 5

Além do convencional

Após os Jogos Olímpicos e Paralímpicos, minha jornada na Nissan do Brasil alcançou um ponto crucial. Eu estava em Tóquio, apresentando ao comitê executivo os resultados impressionantes que havíamos alcançado – um aumento de 100% nas vendas, a transformação de uma empresa deficitária em lucrativa e um crescimento substancial na nossa reputação. Foi um momento de orgulho, mas também de transição.

Poucos dias depois dessa apresentação, recebi uma ligação de Carlos Ghosn. Ele me perguntou se eu gostaria de ser o quarto pilar da inovação da empresa. Curioso, perguntei quais eram os três primeiros pilares. Ele explicou: tecnologias de eletrificação, conectividade e autonomia. O quarto seria a *Open Innovation*, com foco em criar um fundo de investimento para startups. Antes que eu pudesse responder, a ligação foi encerrada, e eu entendi que havia aceitado um novo desafio.

Em abril de 2017, cheguei a Paris para iniciar esse projeto ambicioso. No entanto, fui recebido com uma indiferença surpreendente. Ninguém na Aliança, localizada no prédio da Renault, parecia esperar por mim. Sem secretário, sem orientações claras, senti-me como se estivesse sendo preparado para uma saída não tão graciosa. Era o método Ghosn: lutar para sobreviver e provar seu valor.

Nos meses seguintes, tentei navegar nesse ambiente incerto, conversando com várias pessoas sem ter uma ideia clara do meu papel ou das expectativas. Então, um telefonema inesperado da polícia financeira me pegou de surpresa. Uma denúncia anônima havia sido feita contra mim, e eu deveria me apresentar para esclarecimentos. Esse momento marcou o início de uma fase desafiadora e complexa na minha carreira.

A convocação pela polícia em Paris foi um choque. Após anos de trabalho no Brasil, onde enfrentei inúmeros desafios e situações complexas sem nunca ter problemas legais, ser chamado pela polícia francesa foi desconcertante. A acusação era absurda: alegavam que eu não poderia ter adquirido meu apartamento em Paris sem estar envolvido em corrupção. Eu, que sempre me pautara pela ética e transparência em todas as minhas ações.

Na delegacia, após horas de questionamentos, a polícia confirmou que a quebra do meu sigilo bancário não tinha revelado nenhuma irregularidade. Meus bens eram fruto do meu trabalho honesto. No entanto, a experiência foi um duro lembrete de que nem sempre se pode confiar em todos. Minha natureza confiante e otimista, que sempre viu o melhor nas pessoas, havia me deixado vulnerável a suspeitas infundadas.

Após essa experiência desagradável, voltei meu foco para a Aliança. Meu projeto era ambicioso: desenvolver tecnologias nas áreas de eletrificação, conectividade e autonomia que a Aliança não conseguia desenvolver sozinha. O desafio era convencer os comitês executivos de Renault, Nissan e Mitsubishi. Em viagens ao Japão, passei horas explicando meus planos e minhas visões, enfrentando olhares céticos e questionamentos sobre quem era esse "FoG" (Friend of Ghosn) e o que eu realmente poderia oferecer.

A montagem da equipe para a Alliance Ventures foi uma experiência empolgante. Eu estava determinado a criar um grupo diversificado, no qual cada membro trouxesse habilidades e perspectivas únicas. A ideia era formar um time não apenas competente, mas também inovador e dinâmico, capaz de navegar no cenário em constante mudança da indústria automotiva.

Christian Noske, vindo da BMW Venture, foi uma escolha crucial. Com apenas 35 anos de idade, ele tinha uma energia e uma visão contagiantes. Sua experiência e abordagem inovadora seriam fundamentais para nossos investimentos. Ele era o oposto de mim em muitos aspectos, mas isso só enriquecia nossa equipe.

Igor, meu ex-*chief of staff* na Nissan, assumiu o papel de diretor financeiro do fundo. Sua habilidade em lidar com números e sua compreensão aguçada dos aspectos financeiros do negócio eram inestimáveis. Fernando, um advogado argentino com vasta experiência no departamento jurídico da Renault, veio para ser o advogado do fundo. Sua *expertise* legal era crucial para lidar com as complexidades dos investimentos e das parcerias que estávamos planejando.

Caroline, assumindo o papel de minha *chief of staff* e responsável pela comunicação, era a cola que mantinha tudo unido. Sua habilidade em gerenciar a comunicação e coordenar nossas atividades era essencial para manter o projeto no caminho certo.

Com Christian, Igor, Fernando e Caroline, além de outros membros talentosos, a Alliance Ventures começou a tomar forma. Nosso primeiro grande evento público foi o CES (*Consumer Eletronics Show*), em 2018, onde apresentamos nossa visão e nossos planos. Era um momento crucial, uma oportunidade para mostrar ao mundo o que a Alliance Ventures pretendia fazer e como pretendíamos transformar a indústria.

No CES, estávamos cercados pelas mais recentes inovações tecnológicas e pelos maiores pensadores do setor. Era o ambiente perfeito para lançar nossa iniciativa. Cada membro da equipe tinha um papel vital a desempenhar e, juntos, estávamos prontos para fazer da Alliance Ventures um nome reconhecido no mundo da inovação automotiva.

E chegou o dia do lançamento da Alliance Ventures. Lá estava eu, ao lado de Carlos Ghosn, diante de uma sala repleta de jornalistas e executivos das três empresas da aliança. Os *flashes* das câmeras capturavam um momento que simbolizava não apenas o início de um projeto ambicioso, mas também a concretização de uma visão que eu vinha nutrindo há meses.

A originalidade do projeto Alliance Ventures era evidente. Estávamos lançando o maior fundo do setor automotivo dedicado a investimentos em startups. Minha posição ao lado de Carlos Ghosn, explicando e delineando os contornos desse projeto inovador, era a materialização da minha ponte com executivos de alto nível, a imprensa e o mundo da tecnologia avançada.

As viagens que se seguiram foram uma verdadeira jornada de descobertas. Silicon Valley, Tel Aviv, Pequim, Xangai, Shenzhen, Guangzhou, Frankfurt, Stuttgart, Londres – cada destino abria uma nova janela para o mundo da inovação e da tecnologia. A cada visita, a cada startup que conhecia, eu me convencia mais de que a tecnologia era a chave para um futuro promissor. A inteligência artificial, a autonomia dos veículos, a conectividade – tudo isso me fascinava!

Trabalhar na Alliance Ventures significava estar em constante contato com uma diversidade cultural incrível. Japoneses, franceses, argentinos, brasileiros, americanos, ingleses, romanos, chineses –

cada um trazendo a sua própria perspectiva, a sua maneira única de pensar e de se comunicar. Essa diversidade era a verdadeira força do projeto, um microcosmo do mundo globalizado onde o melhor de cada cultura contribuía para a construção de algo maior.

Em apenas um ano, o fundo investiu US$ 150 milhões, que posteriormente alcançaram o valor de US$ 600 milhões. Foi uma realização extraordinária: multiplicamos o investimento inicial por quatro, investimos em quinze empresas, das quais três se tornaram unicórnios. Nenhuma das startups em que investimos falhou, um testemunho do trabalho meticuloso e da visão estratégica da equipe.

A cada mês, eu apresentava nossos casos de investimento diante dos três presidentes das empresas Renault, Nissan e Mitsubishi e de Carlos Ghosn. De dezesseis propostas, quinze foram aprovadas, com apenas uma rejeição – uma startup de comando vocal na China. Ghosn, sempre perspicaz, insistiu que não poderíamos aprovar tudo. Embora eu discordasse, respeitei sua decisão.

Nesse ambiente, eu circulava entre os CEOs das três empresas, viajando entre Tóquio e Amsterdã, onde ficava a sede da Aliança. Meu advogado Fernando, o diretor financeiro Igor e Christian, nosso principal investidor, eram pilares fundamentais nesse processo. Juntos, construímos uma tese de investimento sólida e disciplinada.

Infelizmente, o ocorrido com Carlos Ghosn trouxe um abrupto fim a esse projeto inovador. A prisão de Ghosn, em novembro de 2018, desencadeou uma onda de suspeitas e acusações infundadas, colocando a integridade do nosso trabalho sob escrutínio intenso. Os japoneses, com suas teorias conspiratórias, sugeriam que os investimentos feitos pelo fundo estavam de alguma forma sendo desviados para contas pessoais de Ghosn, uma alegação não só absurda, mas também profundamente ofensiva.

A situação se complicou ainda mais quando fui convocado para ir ao Japão testemunhar. Meus advogados aconselharam contra, e eu respondi da França a três auditorias.

As auditorias externas e a realizada por uma equipe interna da Nissan foram intensas e exaustivas. Durante seis meses, minha equipe e eu enfrentamos um escrutínio rigoroso, respondendo a cada questionamento e fornecendo detalhes meticulosos de cada transação e decisão tomada. Graças à estrutura robusta e à prova de falhas que havíamos estabelecido, liderada por Igor e Fernando, conseguimos demonstrar nossa total transparência e integridade.

A carta que recebi da Nissan, confirmando que não havia encontrado nenhuma irregularidade em nossas ações, foi um alívio, mas o dano já havia sido feito. A experiência foi um lembrete brutal de que, no mundo corporativo, a confiança e a reputação podem ser questionadas em um piscar de olhos e que a verdade nem sempre é o que prevalece nas narrativas construídas por outros.

Após a prisão de Carlos Ghosn, a dinâmica na Aliança mudou drasticamente. Eu, que conhecia tão bem os meandros da Nissan e a forma como Ghosn operava, nunca duvidei da sua integridade. A história, com o tempo, revelou muitas inverdades e falsas acusações naquela situação. Mas, com Ghosn detido, a Alliance Ventures teve que ser suspensa, uma decisão influenciada pela cautela dos japoneses.

Nesse ínterim, Thierry Bolloré assumiu o comando da Renault. Não sabíamos se Ghosn retornaria ou não, e eu me aproximei de Bolloré, buscando ajudar no que fosse possível. Nosso relacionamento profissional floresceu rapidamente. Lembro-me de estar na China para compromissos da Alliance Ventures quando recebi uma ligação do chefe de gabinete de Bolloré, pedindo meu retorno imediato à França. Inicialmente, pensei que pudesse estar relacionado a Ghosn, mas logo descobri que era algo completamente diferente.

Bolloré me revelou que estávamos em negociações confidenciais para uma fusão com o Grupo Fiat. Fui designado para um grupo seleto de cinco pessoas encarregadas de trabalhar nesse projeto ultrassecreto. Curiosamente, os primeiros três dias de reuniões ocorreram na minha própria casa, por questões de discrição. Trabalhamos intensamente, explorando as sinergias potenciais entre a Renault e a Fiat. Foram três meses de trabalho árduo e fascinante, e o projeto parecia pronto para se concretizar. Infelizmente, devido a uma série de complicações políticas e traições, o acordo não se materializou.

Foi então que Bolloré me fez uma proposta tentadora: deixar a Nissan e juntar-me à Renault como *chief transformation officer*. Ele queria que eu liderasse um ambicioso projeto de transformação na Renault, utilizando a metodologia ágil. O programa, chamado FAST, tinha como objetivo quebrar os silos organizacionais e introduzir uma nova forma de trabalhar na empresa. Aceitei o desafio e me tornei o SVP (*senior vice president*) do Transformation Office da Renault.

Nessa nova função, eu estava no epicentro de uma mudança significativa. O programa FAST não era apenas uma transformação de processos e sistemas; era uma mudança cultural. Trabalhar na Renault, uma empresa com uma história tão rica e uma presença global, foi uma experiência enriquecedora. Cada dia era um novo desafio, mas também uma nova oportunidade de aprender e crescer.

No entanto, a saída de Bolloré seis meses depois trouxe um período de incertezas. Meus principais apoiadores, Ghosn e Bolloré, haviam saído, e meu futuro na Renault parecia incerto. Mas, então, Luca De Meo assumiu a presidência e me confiou dois projetos significativos, marcando o início de um novo capítulo.

O primeiro desafio foi o "ReFactory" de Flins (a cinquenta quilômetros de Paris). A missão era transformar a fábrica, conhecida por produzir os modelos Clio e Zoe, em um centro de economia circular e sustentabilidade. Esse projeto me aproximou dos temas de sustentabilidade, economia circular, reciclagem e remanufatura, abrindo meus olhos para novas possibilidades e responsabilidades. Trabalhamos para criar um *hub* de inovação aberta, colaborando com startups, academias e grandes empresas. O sucesso foi tão notável que a Renault decidiu criar uma empresa dedicada, a ReFactory, para ampliar essas parcerias.

O segundo projeto, Software Republic, foi uma iniciativa para unir grandes empresas em torno do desenvolvimento de *software*. Juntamente com Orange, Thales, Atos, Dassault Sistema e ST Micro, formamos uma aliança para criar soluções de *software* inovadoras, focadas em cidades inteligentes e tecnologias avançadas.

Esses projetos representaram uma mudança significativa na minha carreira. Saí do contexto tradicional de bancos e montadoras para mergulhar em inovação, sustentabilidade e tecnologia. Aprendi a importância de equipes diversificadas e complementares, nas quais cada membro contribui com uma perspectiva única. Essa abordagem foi essencial para o sucesso dos projetos, especialmente em tempos de crise e mudança.

A experiência na ReFactory e na Software Republic reforçou minha crença na tecnologia como uma força para o bem. Vi como a inovação pode transformar empresas, comunidades e o meio ambiente. Esses projetos foram mais do que meras mudanças corporativas; foram meios de impactar positivamente a sociedade e o planeta.

Através dessa jornada, percebi que a verdadeira transformação começa com as pessoas. Não se trata apenas de implementar novos sistemas ou processos, mas de mudar a maneira como as pessoas pensam e trabalham juntas. Foi um período de intensa aprendizagem e crescimento pessoal, quando pude aplicar tanto minhas habilidades profissionais quanto os valores de amor incondicional, empatia e compreensão, que sempre guiaram minha vida e carreira.

ABRAÇANDO A VULNERABILIDADE

Tanto em minha jornada pessoal quanto na profissional, descobri a força transformadora da vulnerabilidade. Ela me permitiu forjar conexões mais profundas, aprender de maneira contínua e crescer além dos limites que eu mesmo havia imposto. A vulnerabilidade, muitas vezes vista como uma fraqueza, revelou-se uma das maiores fontes de força e inovação na minha vida.

Lembro-me claramente da decisão de me assumir para minha família e meus colegas, um momento de grande vulnerabilidade, mas também de libertação. Essa experiência, embora inicialmente assustadora, foi um marco que me ensinou a importância da autenticidade e da coragem. A frase de Brené Brown "A vulnerabilidade é o berço da inovação, criatividade e mudança" ecoa profundamente em minha vivência. Ao abraçar minha verdadeira identidade, me libertei de correntes invisíveis e abri portas para novas possibilidades de conexão e compreensão.

A descoberta da vulnerabilidade como uma força emergiu não apenas como um *insight* pessoal, mas também como um eco das palavras de Brené Brown, que vê a vulnerabilidade como o núcleo da coragem, da criatividade e da mudança. A vulnerabilidade, em sua essência, não é uma questão da fraqueza, mas da coragem de se mostrar e ser visto, com todas as imperfeições, as incertezas e os riscos inerentes. "A vulnerabilidade é a medida mais precisa da coragem", diz Brown. É a disposição para sermos vistos, verdadeiramente vistos, que desencadeia a verdadeira transformação em nossas vidas e no mundo ao nosso redor.

Minha jornada na Nissan e na Renault, compartilhada neste livro, é um testemunho do poder transformador da vulnerabilidade. Ao me encontrar no centro de situações que me pressionavam de todos os lados, encontrei força na minha capacidade de admitir minhas incertezas e procurar apoio. Foi um período de aprendizado intenso sobre o valor de estar aberto a *feedback*, pronto para o crescimento e disposto a enfrentar desafios com uma mente aberta e um coração corajoso.

A vulnerabilidade não é uma escolha entre ser corajoso ou seguro; é o fundamento sobre o qual a coragem se constrói. Em um mundo que frequentemente valoriza a invulnerabilidade e a perfeição, escolher ser vulnerável é um gesto de desafio. É escolher a autenticidade, e não a segurança; a conexão, e não a superficialidade. Como eu descobri em minha própria jornada, abraçar a vulnerabilidade abre as portas para uma conexão mais profunda – não apenas com os outros, mas também consigo mesmo.

Em uma era de insatisfação e desconexão crescentes, na qual as pessoas lutam para encontrar significado e felicidade, a vulnerabilidade surge como uma bússola para a verdadeira satisfação. Ela nos ensina que é apenas quando estamos dispostos a nos expor, a correr riscos e a abraçar nossas imperfeições, que podemos realmente começar a viver de forma plena e autêntica. A vulnerabilidade, portanto, não é um sinal de fraqueza, mas um convite à coragem.

Assim, o presente capítulo é um convite à reflexão sobre o poder da vulnerabilidade em sua própria vida. Ao considerar os passos práticos aqui delineados, lembre-se de que a verdadeira força reside na coragem de ser imperfeito, na disposição de se expor e na capacidade de crescer a partir de suas experiências. Que minha história e as lições aprendidas ao longo do caminho possam servir como um guia para abraçar a vulnerabilidade em sua jornada rumo a uma vida de autenticidade, conexão e transformação.

PLANO DE TRABALHO - CAPÍTULO 5

Passo 1: abrace a incerteza

- Ação: enfrente novos desafios e oportunidades com uma mente aberta, aceitando que a incerteza faz parte do processo de crescimento.
- Objetivo: desenvolver resiliência e adaptabilidade, reconhecendo que a incerteza pode levar a descobertas valiosas.

Passo 2: compartilhe suas experiências

- Ação: seja honesto sobre suas lutas, seus sucessos e seus fracassos, tanto nos ambientes profissionais quanto nos pessoais.
- Objetivo: fomentar um ambiente de confiança e apoio, onde compartilhar vulnerabilidades seja visto como força, não fraqueza.

Passo 3: busque *feedback* e aprenda

- Ação: esteja aberto ao *feedback*, encarando-o como uma oportunidade para aprender e melhorar, não como uma crítica pessoal.
- Objetivo: cultivar uma mentalidade de crescimento, enxergando o *feedback* como um presente valioso que contribui para o seu desenvolvimento.

Passo 4: exercite a empatia

- Ação: pratique a empatia ativamente, tanto em relação a si mesmo quanto em relação aos outros, reconhecendo as emoções e as experiências compartilhadas.
- Objetivo: construir relações mais profundas e significativas, baseadas na compreensão mútua e no respeito.

Passo 5: encoraje a inovação e a criatividade

- Ação: incentive um ambiente onde experimentar, errar e aprender seja parte do processo de inovação.
- Objetivo: promover uma cultura de inovação aberta, na qual a vulnerabilidade seja vista como um catalisador para a criatividade e o desenvolvimento de novas ideias.

"Atravessar o convencional" foi um caminho repleto de incertezas, desafios e oportunidades inesperadas. Ao abraçar a vulnerabilidade, não apenas avancei em minha carreira de formas que nunca imaginei, como também aprendi o valor inestimável da conexão humana, do crescimento pessoal e da coragem de perseguir o desconhecido. Este capítulo, portanto, é um convite para você explorar além dos limites do conforto, aceitando a vulnerabilidade como uma parte essencial da jornada rumo à inovação, à inclusão e ao sucesso sustentável.

CAPÍTULO 6

Um novo horizonte: transformação na Jaguar Land Rover

Quando Thierry Bolloré, ex-presidente da Renault e depois presidente da JLR, me procurou, eu sabia que uma nova jornada estava prestes a começar. Ele, conhecido por sua meticulosidade e abordagem ponderada, levou sete meses para formalizar o convite. Em junho de 2021, em meio à pandemia de covid-19, aceitei o desafio e entrei na JLR, mergulhando no fascinante mundo do luxo moderno. A estratégia da empresa, reminiscente das abordagens de gigantes como Hermès e LVMH, capturou imediatamente a minha atenção.

Quando entrei na JLR, eu a via predominantemente como uma empresa britânica, sem plena consciência de sua conexão com a Índia. Essa descoberta foi uma surpresa que mudou minha perspectiva e ampliou meu entendimento sobre a empresa.

O Grupo Tata adquiriu a JLR da Ford em 2008; porém, não havia nenhuma influência indiana na JLR. Pelo contrário, a JLR fazia o possível para ficar bem longe do Grupo Tata, uma empresa indiana que trouxe uma nova dimensão à marca.

Minha primeira viagem à Índia, cerca de dez meses após ingressar na JLR, foi uma revelação. Apesar de ter viajado extensivamente pelo mundo, a Índia era um território inexplorado para mim. Ao chegar, fui imediatamente cativado pela vibrante energia do país. O espiritualismo estava entranhado no cotidiano, manifestando-se em cores vibrantes, música envolvente e danças que celebravam a vida. As pessoas, com sorrisos genuínos e olhares acolhedores, transmitiam uma sensação de calor humano que raramente eu havia experimentado.

As roupas tradicionais, distintas para homens e mulheres, eram um espetáculo à parte. Longe das vitrines padronizadas de outros países, cada peça de vestuário na Índia contava uma história, refletindo a rica tapeçaria cultural do país. Aquele era um lugar onde a tradição e a modernidade se encontravam de uma maneira única.

A história do grupo Tata, fundado há 167 anos, revelou-se uma descoberta surpreendente. Aprender que 66% dos lucros do Grupo são destinados a uma fundação de caridade foi algo que me tocou profundamente. A família Tata, com sua modesta participação de 3% nos lucros e seu compromisso com a responsabilidade social, ambiental, educação, saúde, diversidade e sustentabilidade, refletia tudo o que eu valorizava. Encontrar minhas raízes indianas em uma empresa que colocava esses valores no centro de suas operações foi como um reencontro com meu próprio propósito de vida.

As viagens regulares à Índia me permitiram explorar cidades como Mumbai, Bangalore, Pune, Hyderabad, Dheli e Goa. Cada visita se tornou uma experiência única, revelando um país de contrastes marcantes – caos e pobreza, mas também esperança e crescimento. A mentalidade de que "amanhã será melhor que hoje" e a crença de que as gerações futuras terão uma vida melhor eram contagiantes. Isso contrastava fortemente com o clima de incerteza que muitas vezes permeia a Europa.

Os templos indianos, com suas oferendas de flores exuberantes e o fervor espiritual das pessoas, me lembravam do Brasil. Havia uma conexão espiritual perceptível, uma crença profunda de que os deuses, em sua multiplicidade, estavam ouvindo e ajudando as pessoas. A culinária rica e saborosa, com gostos que eram novos para mim, adicionava outra camada à minha experiência. A Índia é verdadeiramente um mundo à parte, um lugar de aprendizado e crescimento.

Na JLR, fui encarregado de estratégia, com a responsabilidade de desenvolver o plano "Reimagine" já iniciado por Thierry. Esse plano abrangia diversos aspectos cruciais: sustentabilidade, digitalização, inovação aberta e parcerias estratégicas. O objetivo era transformar e preparar a JLR para o futuro, o que estava claro para todos nós.

Um dos desafios mais imediatos foi a sustentabilidade. Thierry, ao me passar a responsabilidade, admitiu não ter uma noção clara de como alcançar a meta de Carbono Zero até 2039. Aceitei o desafio com entusiasmo. Ao convocar uma reunião na empresa, descobri que, apesar do interesse e do trabalho já realizado em sustentabilidade, faltava uma estrutura organizada. Era necessário reunir e mobilizar as forças internas para essa causa.

Lembro que, no lançamento dessa iniciativa, Thierry fez um discurso inspirador e, para marcar o compromisso da empresa com a sustentabilidade, compensamos o carbono da reunião com o plantio de árvores – um gesto simbólico mas significativo. Foi um momento de união e renovação, sinalizando o início de uma nova era na JLR, na qual a sustentabilidade seria não apenas um objetivo, mas um pilar central da nossa estratégia.

Nesse novo ambiente, percebi rapidamente a necessidade de reacender a motivação e o espírito inovador da equipe. A JLR tinha um potencial incrível, mas era essencial revitalizar a paixão e o comprometimento dos colaboradores. Com foco na visão de futuro, comecei a trabalhar para transformar tanto a estrutura e os processos quanto a cultura e a mentalidade interna.

Um dos primeiros passos foi abordar a meta ambiciosa de tornar a JLR Carbono Zero até 2039. Diante desse desafio colossal, convidei a equipe a se juntar a mim nessa jornada. Surpreendentemente, mais de cem pessoas responderam ao chamado, demonstrando um comprometimento genuíno com a causa da sustentabilidade. Nossa primeira ação concreta foi aderir aos SBTI Targets (*Science Based Targets Initiatives*), estabelecendo metas rigorosas: reduzir em 46% as emissões dos escopos 1 e 2 (relativas às operações diretas da empresa) até 2030 e diminuir em 54% as emissões do escopo 3 (que incluem os veículos e a cadeia de suprimentos) no mesmo período.

Para liderar essa transformação, recrutei Rosela, uma profissional excepcional vinda da Ericsson. Formamos uma equipe enxuta, inicialmente com vinte membros, que logo cresceu para trinta. A estratégia era clara: um grupo central pensaria na estratégia global da empresa, definindo metas realistas e fazendo *benchmarks* e análises detalhadas. O próximo passo seria integrar essa visão à matriz de negócios da empresa, pois sabíamos que um pequeno grupo sozinho não poderia mudar uma organização de quarenta mil pessoas.

Implementamos um programa abrangente de treinamento para todos os funcionários, explicando os fundamentos da sustentabilidade, a importância do tema para o presente e o futuro da empresa e detalhando conceitos como mudanças climáticas, economia circular, SBTI Targets e os diferentes escopos de emissões.

Na JLR, minha abordagem para a sustentabilidade era clara e estratégica. Com um núcleo central de vinte pessoas altamente qualificadas e motivadas, começamos a influenciar toda a empresa. Esse pequeno grupo era o epicentro de uma onda crescente de mudanças, expandindo-se para incluir cerca de setenta pessoas nos *business units*, que por sua vez influenciavam outras duzentas pessoas diretamente envolvidas com a sustentabilidade. Esse efeito cascata não se limitava aos muros da empresa; ele se estendia para nossos parceiros, outras empresas e ONGs. A ideia era criar um ecossistema de sustentabilidade, no qual um grupo relativamente pequeno poderia gerar um impacto significativo.

Essa metodologia se aplicava igualmente a outras áreas, como a Inovação Aberta. Aqui, também, eu busquei embaixadores dentro dos negócios para formar uma rede influente. A eficácia não estava no tamanho da equipe, mas na sua qualidade e capacidade de disseminar conhecimento e práticas. Eu não desejava um time enorme; preferia um grupo compacto mas poderoso, capaz de influenciar toda a organização. Era uma nova forma de liderança baseada na influência, não na autoridade direta, o que representava um desafio empolgante.

Além disso, fui convidado a ser o patrocinador da diversidade e da inclusão na JLR. Inicialmente, recusei. Percebi que a empresa, bastante tradicional, parecia querer um "álibi" para essa função, sem um comprometimento genuíno com a mudança. Contudo, após insistências e a proposta de copatrocinar com Bárbara, a única mulher no comitê executivo, aceitei. Bárbara e eu compartilhávamos a visão de que o mundo corporativo pode ser injusto e que era crucial trabalhar ativamente para mudar isso.

Nosso trabalho em diversidade e inclusão foi intenso. Encontrei-me com todos os catorze grupos de redes internas da empresa, abrangendo uma diversidade que eu nunca tinha visto antes, incluindo grupos religiosos, como sikhs, muçulmanos e cristãos.

Durante esse período, descobri que a Inglaterra é um país avançado em termos de diversidade e inclusão, mas ainda havia muitos desafios a serem superados. Conversando com os diversos grupos na empresa – negros, indianos, mulheres, LGBTQIA+ – percebi que, apesar dos avanços, ainda existiam problemas significativos. Havia uma energia vibrante vinda de baixo, com ideias e sugestões emergindo dos grupos, o que era realmente encorajador.

Entendi que era necessário um movimento de cima para baixo para encontrar esse ímpeto ascendente. Comecei a trabalhar para influenciar meus colegas no comitê executivo, para que eles também se engajassem e disseminassem a importância da diversidade e da inclusão em suas equipes. Para fortalecer ainda mais esse movimento, concedi três horas mensais de trabalho aos grupos de redes para que pudessem desenvolver suas ideias e sugestões com mais eficácia.

Iniciei, também, a ideia de um Summit Global de Diversidade e Inclusão, um dia específico para que toda a empresa se concentrasse nesses temas. Quis que esse dia fosse internacional, envolvendo todos os países onde a JLR tem presença. A primeira edição, realizada em setembro de 2023, foi um sucesso retumbante, com a participação de cinco mil pessoas, tanto presencialmente quanto on-line. Trouxemos palestrantes externos, músicos e artistas, pois acredito que diversidade e inclusão devem ser celebradas com alegria e festividade.

Um marco significativo foi convencer o novo CEO a participar da Gay Pride de Birmingham. Sua presença, inicialmente incerta, transformou-se em entusiasmo, e ele se juntou à dança e celebração. Isso enviou uma mensagem poderosa: se o CEO participa, o tema é levado a sério na empresa.

Para mim, essas questões são profundamente pessoais e conectadas com os ensinamentos da minha avó sobre educação. No século 21, é inaceitável que ainda existam desigualdades tão profundas. Essa é uma luta que levo adiante com fervor, pois acredito que a mudança é não apenas necessária, mas urgente.

Acredito firmemente que educar as pessoas sobre igualdade e oportunidades iguais é fundamental para criar um mundo melhor e mais diversificado. A diversidade é crucial, mas a inclusão é igualmente importante. Não basta ter diversidade; é necessário incluir ativamente todos os membros da equipe.

Para promover essa inclusão, implementamos várias iniciativas na JLR. Criamos uma *hotline* para que os funcionários pudessem relatar incidentes e estabelecemos grupos de reflexão. Além disso, tanto eu quanto a Bárbara, minha colega no comitê executivo, abrimos nossos canais de comunicação interna, como o WhatsApp, para que qualquer pessoa na empresa pudesse nos contatar diretamente relatando problemas ou preocupações.

Durante o mês do orgulho LGBTQIA+, fiz um vídeo para toda a empresa onde apareci com uma bandeira arco-íris, também símbolo do meu orixá Oxumaré. Esse gesto teve um impacto significativo. Recebi várias mensagens de funcionários, incluindo uma mãe cujo filho de dezessete anos havia recentemente se assumido gay. Ela expressou sua preocupação inicial com as dificuldades que ele poderia enfrentar, mas, depois de ver meu vídeo e ouvir sobre minha jornada, sentiu esperança e alívio.

Essas reações reforçam minha convicção de que ter modelos visíveis e acessíveis é vital. Quero ser essa voz, especialmente para a minha comunidade LGBTQIA+, mas também para todos na empresa. Entendo o preconceito, o *bullying*, as piadas maldosas, as fofocas, as agressões – vivi tudo isso. Minha comunidade é minha família, meus colegas, meus irmãos e minhas irmãs, e é inaceitável que continuem a enfrentar tais desafios.

Na JLR, eu sempre estive comprometido em fazer da empresa o melhor lugar para se trabalhar no Reino Unido. Para alcançar esse objetivo, trabalhamos com base em dados concretos, não apenas em boas intenções, medindo e monitorando o número de mulheres em cargos de gestão, a diversidade étnica e outros indicadores importantes. Queremos que esses números reflitam nosso compromisso com a diversidade e a inclusão, transformando a JLR em um exemplo para outras empresas seguirem.

Perante isso, durante minha jornada profissional, sempre acreditei na importância da responsabilidade social corporativa. As experiências que vivi no Instituto Société Générale, no Instituto Nissan e na Fundação Paribas moldaram profundamente minha visão sobre o impacto positivo que uma empresa pode ter em sua comunidade e no mundo.

Quando cheguei à JLR, percebi uma oportunidade única de implementar essa visão em uma escala ainda maior. A empresa já tinha uma forte presença global e um compromisso com a excelência, mas faltava um braço dedicado à responsabilidade social e à sustentabilidade. Foi então que a ideia de criar uma fundação começou a tomar forma em minha mente.

Conversei com Adrian, o novo CEO, sobre esse assunto. Expliquei como uma fundação poderia não apenas ajudar a empresa a cumprir suas responsabilidades sociais, mas também fortalecer sua marca e presença global. Discutimos como a fundação poderia se concentrar em questões de sustentabilidade, educação e desenvolvimento comunitário, refletindo os valores centrais da JLR.

Adrian, que já havia mostrado seu apoio a iniciativas de diversidade e inclusão, entendeu imediatamente o valor de uma fundação.

Ele concordou que uma fundação poderia ser um legado duradouro, algo que transcenderia nossas carreiras individuais na empresa. Com o apoio de Adrian, comecei a trabalhar na concretização da fundação. Ela foi aprovada e já está em operação. Que vitória!

Minha jornada na JLR não foi isenta de desafios. A empresa estava localizada em uma grande cidade, nos West Midlands, perto de Birmingham e Coventry, em uma aldeia chamada Gaydon, um local escasso. Enquanto isso, eu morava em Stratford-upon-Avon a cidade natal de Shakespeare, um ambiente romântico, porém pequeno e isolado.

A resistência à mudança por parte de alguns funcionários, que sempre viveram e trabalharam na região, foi um obstáculo significativo. Eles veem a empresa como sua e mostram relutância em aceitar ideias de pessoas de fora. Essa mentalidade criou um desafio para mim, especialmente no que diz respeito à estratégia, que eu dividi em três horizontes: curto, médio e longo prazo.

O horizonte 1 foca o imediato – o mês, o trimestre e o ano. O horizonte 2 abrange um plano de médio prazo, de três a cinco anos, como o nosso plano "Reimagine". O horizonte 3 é o longo prazo, olhando para as novas tendências de mercado e o impacto da inteligência artificial em nossas vidas. Atualmente, a empresa está excessivamente focada no horizonte 1, o que leva a uma série de crises por falta de antecipação e planejamento para os horizontes 2 e 3.

Dessa forma, a minha estratégia para mudar essa perspectiva é que 70% do nosso foco esteja no horizonte 1; 20%, no horizonte 2; e 10%, no horizonte 3. A mudança de estratégia é crucial para conectar a empresa globalmente, abrindo-a para novas ideias e mercados, como Índia, China, Estados Unidos, Brasil, Oriente Médio e Israel, e para o mundo das startups, especialmente em áreas como cibersegurança e autonomia.

Mas é isso que acontece. A gente tem que dar essa visão. Eu realmente aprecio nosso *chairman*, especialmente por sua abordagem anual no seminário da empresa em Goa. Trata-se de um evento em que as lideranças de todo o grupo, cerca de 350 pessoas, se reúnem. Lembro-me claramente da primeira vez que o vi lá, falando sobre ambição. Ele nos encorajou a pensar grande, a ter uma ambição real, como se não houvesse limitações. "Pensem em algo grandioso, sejam os melhores no que fazem", frisou. E isso ressoou profundamente em mim.

Uma vez estabelecida essa ambição, o próximo passo é construir um plano de médio prazo e começar a desenvolvê-lo, iterando conforme necessário. Mas ele enfatizou algo crucial: para alcançar essas ambições, não podemos nos contentar com o mediano. Precisamos das melhores pessoas. Ambição sem limites, um plano sólido e as melhores pessoas – uma receita aparentemente simples, mas raramente implementada com sucesso.

Essa abordagem de ambição, combinada com horizontes de planejamento de médio e longo prazo, é o que me inspira. A governança, a disciplina e a equipe certa são fundamentais. O *chairman*, para mim, é uma figura inspiradora. Vejo reflexos de seus valores e suas abordagens na maneira como a Tia Dag conduzia sua visão educacional. Ela também tinha uma visão transformadora para o mundo, desenvolveu um método eficaz e se cercou das melhores pessoas para realizá-lo.

Essas são as pessoas que considero pioneiras, aquelas que realmente têm o potencial de transformar o mundo. São indivíduos que admiro e com quem gosto de trabalhar, pois com eles há uma verdadeira esperança de um mundo melhor. A influência do *chairman* é um lembrete constante de que, com a visão e a equipe certas, podemos alcançar coisas extraordinárias.

CULTIVANDO O APRENDIZADO CONTÍNUO

Desde o início de minha jornada, o conceito de "aprendizado contínuo" tem sido um farol, guiando-me através das diversas culturas e dos desafios profissionais que enfrentei. Como afirmou Alvin Toffler, "Os analfabetos do século 21 não serão aqueles que não sabem ler e escrever, mas aqueles que não sabem aprender, desaprender e reaprender". Essa citação ressoa profundamente em mim, especialmente refletindo sobre minha transição da indústria financeira para o mundo automotivo e, posteriormente, para projetos inovadores na Renault, na Aliança e na JLR.

Minha jornada é marcada por um compromisso inabalável com o aprendizado, não apenas como uma necessidade, mas como uma paixão. Lembro-me vividamente de chegar ao Brasil para liderar o Société Générale Brasil, uma cultura corporativa e um mercado totalmente novos para mim. Essa experiência exigiu que eu mergulhasse de cabeça, aberto a aprender com cada nova pessoa que encontrava, com cada desafio que enfrentava. A vulnerabilidade de ser um "eterno aprendiz" em terras desconhecidas tornou-se minha maior força, permitindo-me conectar genuinamente com minha equipe e navegar com sucesso na complexidade do mercado brasileiro.

A importância de manter a mente aberta e ser receptivo ao aprendizado foi uma lição reiterada durante meu tempo com a Aliança Renault-Nissan-Mitsubishi. Trabalhando na inovação aberta, eu estava constantemente em contato com startups, imerso em tecnologias emergentes e novas formas de pensar. Cada encontro, cada parceria, era uma oportunidade de aprendizado, não apenas sobre tecnologia, mas também sobre a natureza humana, a colaboração e o poder da diversidade de pensamento. E não foi diferente na

Inglaterra, na JLR, onde o francês que eu sou aprendeu a lidar com uma cultura que certa vez consideramos hostil à cultura francesa.

Incorporar o aprendizado contínuo em minha vida não é só uma prática profissional; é uma filosofia de vida. Enxergo cada experiência, cada sucesso e cada fracasso como um degrau na escada do conhecimento. Esse compromisso com o aprendizado contínuo me permitiu não apenas adaptar-me e prosperar em diversas situações, mas também contribuir significativamente para as organizações das quais fiz parte.

Portanto, convido você a abraçar a ideia do aprendizado contínuo em sua própria vida. Que essa jornada pelo conhecimento seja tão transformadora para você quanto tem sido para mim. E que possamos todos permanecer curiosos, abertos e dedicados ao crescimento pessoal e profissional, não importa aonde nossa aventura nos leve.

PLANO DE TRABALHO - CAPÍTULO 6

Passo 1: mantenha-se curioso

- Ação: desenvolva uma curiosidade insaciável pelo mundo ao seu redor. Explore novas áreas de conhecimento, culturas e tecnologias.
- Objetivo: ampliar seus horizontes e enriquecer sua compreensão do mundo, promovendo uma mentalidade aberta e adaptável.

Passo 2: aplique o aprendizado na prática

- Ação: transfira o conhecimento adquirido para sua vida profissional e pessoal. Identifique oportunidades para aplicar novas ideias e conceitos.
- Objetivo: transformar teoria em prática, usando o aprendizado contínuo para inovar e resolver problemas de maneiras criativas.

Passo 3: compartilhe seu conhecimento

- Ação: compartilhe suas descobertas e aprendizados com colegas, amigos e comunidades, seja através de conversas, apresentações ou redes sociais.
- Objetivo: criar uma cultura de aprendizado compartilhado, na qual o conhecimento é valorizado e disseminado, beneficiando a todos.

Passo 4: abra espaço para o *feedback*

- Ação: esteja aberto ao *feedback* como uma forma de aprendizado. Veja críticas construtivas como uma oportunidade de crescimento.
- Objetivo: refinar suas habilidades e seus conhecimentos através da perspectiva dos outros, promovendo a melhoria contínua.

Passo 5: engaje-se em aprendizado formal e informal

- Ação: participe de cursos, *workshops*, seminários e outras formas de educação formal. Igualmente, valorize o aprendizado informal que ocorre no dia a dia.
- Objetivo: reconhecer a importância de ambas as formas de aprendizado, aproveitando cada oportunidade para expandir seu conhecimento e suas habilidades.

Minha jornada na Jaguar Land Rover foi uma aventura ao aprender algo novo todos os dias. Desde a adaptação a uma nova cultura corporativa até o desafio de promover a sustentabilidade e a inovação, cada etapa exigiu uma abordagem de aprendizado contínuo. Este capítulo é um testemunho do poder transformador do conhecimento e da educação. Encorajo você a adotar uma postura de aprendizado constante, abrindo-se para novas experiências e ideias que possam enriquecer sua vida e a dos outros ao seu redor.

CAPÍTULO 7

Vivendo autenticamente: o executivo ativista

Desde aquele momento revelador na estação de esqui, aos dezesseis anos, minha vida tomou um novo rumo. A confissão de Thierry, expressando sentimentos que iam além da amizade, foi como um raio de luz em minha compreensão sobre mim mesmo. De repente, tudo fez sentido: eu era homossexual, e estava tudo bem. A viagem de volta para casa, colado a Thierry no carro, com meus pais à frente, foi um misto de medo e excitação. Era o início de uma bela história de amor que duraria quase um ano – uma eternidade aos dezesseis anos.

Contar para minha irmã foi um passo crucial. Ela, com seus dezenove anos e a sabedoria de quem já começava a trilhar o caminho da medicina, me acolheu com uma aceitação imediata e tranquilizadora. "Tudo bem, é normal", disse ela. Essas palavras foram um bálsamo para minha alma inquieta. Ter o apoio da família em um momento tão delicado foi fundamental para a construção da minha autoestima e confiança.

Thierry, meu melhor amigo, foi mais do que um primeiro amor; ele foi um companheiro de jornada, alguém que me ajudou a entender e aceitar quem eu sou. Nossa amizade perdura até hoje, um testemunho do poder dos laços formados na juventude.

Quando retornei ao Brasil com meu namorado Didier, foi um momento de grande ansiedade e expectativa. Minha família, que morava em São Paulo, estava prestes a conhecer uma parte importante da minha vida que até então eu havia mantido reservada. Minha irmã, sempre minha confidente e aliada, nos acolheu em sua casa. Lembro-me claramente da tensão que senti, misturada com uma esperança cautelosa.

Para minha surpresa e alívio, minha mãe nos recebeu com uma aceitação e amor incondicionais. Ela insistiu que Didier e eu ficássemos em sua casa e dormíssemos no mesmo quarto. Meu pai, embora encontrasse mais dificuldade em aceitar, não demonstrou rejeição. Foi um momento significativo para mim, marcando a primeira vez que pude ser verdadeiramente eu mesmo na presença da minha família.

Essa experiência foi um divisor de águas. Apesar de já ter me assumido para minha irmã e meus pais, viver abertamente como um homem gay no Brasil, em especial no ambiente de trabalho, era um desafio constante. A cultura corporativa da época ainda era muito conservadora, e muitas vezes tive que enfrentar situações desconfortáveis, escondendo parte da minha verdadeira identidade.

Aos 38 anos, enquanto ocupava o cargo de presidente do Banco Société Générale Brasil, decidi que não mais esconderia quem eu era. Foi uma decisão arriscada, considerando o ambiente corporativo, mas eu estava determinado a não mais viver uma vida dupla. Essa decisão trouxe desafios, mas também um sentimento de liberdade e autenticidade.

Quando o boato sobre minha sexualidade começou a circular no trabalho, percebi que era hora de enfrentar a situação. Em uma reunião com meu comitê de direção, decidi ser honesto e aberto. "Há um boato circulando sobre mim e é verdade", eu disse, sentindo cada palavra. Deixei claro que não toleraria comentários ou atitudes discriminatórias. Apesar do medo, senti uma onda de alívio ao assumir quem eu era diante de todos.

Essa decisão, no entanto, não tornou tudo mais fácil. Ainda enfrentava preconceitos e não me sentia pronto para ser um ativista.

Estava no meu segundo relacionamento, com um homem chamado Arnaud. Meu relacionamento com ele foi um ponto de virada. Lembro-me de um evento em que, por medo, pedi que ele se sentasse separado de mim. Ele estava certo ao se sentir magoado. Eu ainda tinha dificuldade de assumir minha identidade em todas as situações.

Mas minha jornada de autoaceitação continuou, acabamos nos separando após dezoito anos felizes, quando conheci Jonathan, meu atual marido. Nosso casamento em 2016 foi um marco que redefiniu conceitos e emocionou corações. Ao dizer "meu marido", transcendi as fronteiras do tradicional, desafiando preconceitos arraigados e abrindo caminho para uma libertação que vai além das palavras.

A resistência inicial que eu mantinha em relação ao casamento cedeu lugar a uma revelação profunda, e isso não foi por acaso. A vida, em sua infinita sabedoria, me lançou um desafio de saúde que abriu meus olhos para a importância legal e emocional dessa união. Jonathan não era apenas meu companheiro, meu amigo; ele era meu marido, meu parceiro de vida.

Na França, onde residimos, o casamento trouxe consigo o *Livret de famille*, o documento que é símbolo tangível de nossa união e nos equiparou perante a sociedade e o Governo. Tornou-nos iguais em direitos e deveres, assim como meus pais e minha irmã quando ela se casou. Falar "meu marido" deixou de ser um simples título para se tornar um emblema de igualdade e aceitação.

Nosso casamento, realizado em Búzios, foi uma celebração inesquecível de três dias, repleta de amor e alegria, compartilhada com amigos e familiares que genuinamente nos amavam e apoiavam. A atmosfera era mágica, como se o tempo se multiplicasse para que pudéssemos desfrutar de cada momento.

O primeiro dia nos proporcionou um encontro caloroso; todos, independentemente de laços sanguíneos, puderam se conhecer e compartilhar histórias. Uma praia paradisíaca sob um céu imaculado nos acolheu, enquanto permanecíamos em uma casa com nossos padrinhos de casamento e víamos nossas famílias e nossos amigos se reunindo em torno de nós. A decisão de caminhar em vez de usar carros criou uma atmosfera única de proximidade e comunhão.

O segundo dia foi o apogeu da celebração: o dia do casamento em si. Começou com uma manhã relaxante à beira da piscina, sob um céu incrivelmente azul. A cerimônia, conduzida pelo pai de santo de Jonathan, aconteceu diante do oceano, com as ondas como testemunhas. Foi um momento de intensa emoção para todos, especialmente para Jonathan, cujo significado do casamento ia além do convencional, uma vez que a mãe dele faleceu quando ele tinha apenas onze anos.

A noite nos brindou com uma festa memorável, ao som da bateria do Salgueiro e muito samba. À medida que a noite avançava, todos se reuniam na piscina, e mulheres com vestidos que se abriam como flores na água adicionavam um toque de encanto. À meia-noite, em uma procissão simbólica, mergulhamos no mar sob o brilho das estrelas.

O terceiro dia foi marcado por um animado churrasco e pela presença de passistas de samba, mantendo viva a atmosfera de celebração.

À tarde, os convidados começaram a se despedir, abraçando-se e compartilhando momentos que nos uniriam para sempre.

Finalmente, com todos os convidados partindo, ficamos apenas Jonathan e eu, sentados do lado de fora, olhando para o céu estrelado. Nessa noite, nossas almas se entrelaçaram em uma conversa profunda sobre o significado da vida, enquanto a imensidão do céu nos inspirava. Foi um momento de profunda conexão e gratidão, selando nosso compromisso e amor mútuo.

Essa experiência me transformou em um modelo para outros. Aos 52 anos, percebi que poderia inspirar pessoas jovens e mostrar que é possível ser gay e ter sucesso profissional. A leitura da matéria sobre Guillaume Cizeron, um campeão patinador francês que se assumiu publicamente, reforçou minha convicção. Apesar de nossa diferença de idade, compartilhávamos a mesma jornada de aceitação e coragem.

Não é surpresa para ninguém que, mesmo após três décadas, muitos de nós ainda enfrentem os mesmos desafios quando o assunto é aceitação e inclusão. É uma realidade amarga constatar que o mundo, em muitos aspectos, parece ter estagnado no tempo. Um exemplo marcante disso é o caso de Ouissem Belgacem, um jogador de futebol que sentiu a necessidade de escrever um livro para desvendar as complexidades de ser gay no mundo do esporte.

A jornada de Ouissem é um retrato angustiante do relacionamento com a família, a equipe e um mundo que muitas vezes se recusa a enxergar além dos estereótipos. A pressão e a discriminação o obrigaram a buscar oportunidades em outros países, como os Estados Unidos e a Inglaterra, em uma tentativa de encontrar um ambiente mais acolhedor. Isso ilustra, de maneira inequívoca, o quão difícil é para aqueles que não se encaixam na definição convencional de *mainstream*.

É essa realidade injusta que me impulsionou a criar o grupo LGBTQIA+ na Nissan. Eu estava determinado a mostrar ao mundo que ser abertamente gay não me impedia de ser um líder competente e eficaz. Ao longo de muitos anos de dedicação e trabalho árduo, transformei a Nissan em uma empresa líder no Brasil, uma empresa que não apenas valoriza, mas celebra a diversidade. Isso é ainda mais notável em um setor automobilístico, historicamente marcado por homens brancos e heterossexuais, cujas perspectivas muitas vezes são limitadas pela falta de diversidade.

Minha jornada pessoal de aceitação foi uma trilha longa e sinuosa que levou anos para ser percorrida. Aos 52 anos, finalmente encontrei a coragem de casar e me tornar um exemplo para outros LGBTQIA+. Agora sinto que posso assumir um novo papel, o de um ativista. Não tinha modelos a seguir quando era jovem, mas estou determinado a ser o modelo que muitos procuram hoje.

No início deste ano, surgiu a oportunidade de uma entrevista com o diretor-geral da *Têtu*, uma revista respeitada no cenário LGBTQIA+ francês. A matéria, intitulada "Minha jornada de ativismo" destacaria minha coragem em enfrentar desafios, tanto como pessoa gay quanto como profissional bem-sucedido.

E isso me traz uma profunda reflexão sobre a diversidade e a importância de representar não apenas a comunidade LGBTQIA+, mas todas as minorias. Afinal, todos têm um papel fundamental neste mundo diverso em que vivemos. É surpreendente pensar que ainda hoje, em pleno século 21, muitas pessoas enfrentam barreiras simplesmente por serem quem são.

Por que consideramos as mulheres uma minoria quando, na verdade, há mais mulheres do que homens no mundo? Por que é tão difícil para uma mulher informar seu chefe sobre uma gravidez, com medo de ser vista como um problema? Essas são questões que me fazem refletir profundamente. É por isso que me tornei um ativista, e com muito orgulho assumo esse papel de representar todas as minorias.

Minha jornada pessoal, que começou com a descoberta e a aceitação da minha sexualidade, me fez perceber que nasci homossexual, não é uma escolha. Se fosse uma opção, por que alguém escolheria o caminho mais difícil? Gosto de homens, sinto-me atraído por homens, e isso é parte fundamental da minha identidade.

Essa compreensão me proporcionou uma sensibilidade diferente, uma visão mais humana, que valoriza a inclusão de todas as vozes e contribuições. Detesto a ideia de uma elite que pensa saber tudo e dominar o mundo, porque a verdadeira riqueza do nosso mundo reside na diversidade de experiências e perspectivas. Os gays, assim como todas as minorias, têm um lugar legítimo no mosaico de vozes e vivências.

Viver abertamente como um homem gay no mundo corporativo não foi uma decisão fácil. Enfrentei preconceitos, mas também encontrei aliados inesperados. Cada passo que dei em direção à autenticidade me fortaleceu, permitindo-me ser um líder mais empático, inclusivo e eficaz. A diversidade e a inclusão tornaram-se não apenas temas pessoais, mas também profissionais, impulsionando-me a criar ambientes de trabalho mais acolhedores e representativos.

HISTÓRIAS INSPIRADORAS: O IMPACTO DE UMA LIDERANÇA AUTÊNTICA

Dentre as muitas vozes que me acompanharam nessa jornada, um depoimento em particular ressoa com uma clareza e força que transcende o tempo e o espaço. Vem de alguém cuja liderança e visão foram faróis em minha própria trajetória: François Cristofari, meu chefe no Banco Paribas.

Em nossas conversas, que sempre foram pautadas por profundo respeito e admiração, ele compartilhou reflexões que marcaram muito a minha compreensão sobre o que significa liderar. Ele me disse: "François, você é, sem dúvida, um dos líderes mais talentosos com quem tive o prazer de trabalhar em minha carreira internacional. Sua habilidade em comunicar sua visão com paixão transforma colaboradores em verdadeiros seguidores. Isso é o que te distingue como um verdadeiro líder".

Segundo ele, essa paixão era evidente na maneira como me dedicava completamente às minhas missões, buscando sempre alcançar e até superar as expectativas. "Sua paixão pela excelência", ele observou, "exige tanto de si mesmo quanto de sua equipe, cultivando um ambiente onde a excelência não é apenas esperada, mas vivenciada em cada ação."

Ele valorizava especialmente minha coragem em expressar desacordos, mesmo que isso significasse desafiar as convenções ou enfrentar oposição. Mas o que realmente o impressionava era a combinação de talento, dedicação e humanidade que eu trazia para a liderança. "Dentre os muitos talentos que tive a chance de recrutar e gerenciar ao redor do mundo", ele refletiu, "poucos conseguiram combinar essas qualidades tão bem quanto você, François."

E, em suas palavras finais, um lembrete da importância da lealdade e da gratidão nas relações profissionais: "Sua fidelidade e gratidão, anos após nossa colaboração, demonstram a profundidade de seus valores. Você é um verdadeiro artista no cenário da liderança".

Esse depoimento reflete o reconhecimento do impacto de minha liderança e reafirma minha convicção de que liderar é um ato de paixão, de comprometimento total com as pessoas e com os objetivos que nos propomos a alcançar. Agradeço profundamente por essas palavras e pelo papel fundamental que ele desempenhou em minha trajetória.

Tive a honra de trabalhar com pessoas extraordinárias, cujas histórias não apenas moldaram a minha visão, mas também reforçaram minha convicção na força da diversidade e do compromisso autêntico. A seguir, compartilho alguns relatos que podem servir de inspiração para quem deseja fazer a diferença.

Vera Gobetti, minha diretora de RH da Nissan Brasil, relembra: "A habilidade ímpar de François em navegar por águas turbulentas é admirável. Lutamos e vencemos juntos desafios que pareciam intransponíveis, graças à sua liderança que não se pautava apenas por resultados, mas também por respeito e verdade".

Izildinha Rommel, que trabalhou comigo no Société Générale Brasil, destaca: "François tem uma paixão pela excelência e uma capacidade única de envolver e inspirar sua equipe. Sua liderança transformou o ambiente de trabalho, incentivando a inovação e o comprometimento".

Antoine Gourevitch, *partner* do Boston Consulting Group – BCG, me fez refletir sobre a importância de uma liderança que vai além de metas e objetivos: "A capacidade de François em influenciar positivamente o mundo ao seu redor é notável. Ele cria aventuras coletivas com uma visão clara e uma empatia extraordinária, cultivando relações humanas profundas".

Por fim, **Thierry Bolloré**, cuja visão compartilhada na JLR me trouxe novos horizontes, lembra: "A chegada de François na JLR foi um ponto de inflexão. Sua abordagem estratégica, combinada com uma liderança inclusiva e humana, acelerou nossa transformação. Ele não só criou equipes dedicadas como também se tornou um modelo de inclusão e respeito à diversidade".

Essas histórias, cada uma com sua singularidade, compõem a tapeçaria da minha vida profissional. São lembretes poderosos de que, no fim das contas, nossa maior contribuição pode ser as vidas que tocamos e inspiramos pelo caminho.

Tais depoimentos não estão aqui para me enaltecer, muito pelo contrário; servem para reforçar a ideia de que se seguirmos os princípios corretos, mais do que uma carreira bem-sucedida, podemos construir legado, deixar impacto e transformação por onde passarmos.

PROMOVENDO UM AMBIENTE DE TRABALHO GENTIL E HUMANO

Ao refletir sobre como promover um ambiente de trabalho gentil e humano, é impossível não pensar nos ensinamentos de grandes líderes e pensadores da gestão mundial. Pessoas como Simon Sinek, cuja filosofia de *Comece pelo porquê* nos lembra da importância de encontrar propósito e inspiração no que fazemos, ressoam profundamente em minha própria jornada. A gentileza e a humanidade, para mim, sempre foram pilares centrais da verdadeira liderança, não apenas metas a serem alcançadas.

Em minha carreira, busquei incorporar esses valores, seguindo exemplos de líderes transformacionais que priorizam o bem-estar de suas equipes e a construção de culturas empresariais positivas. Autores como Brené Brown, que em seu livro *A coragem de ser imperfeito*, explora a vulnerabilidade como uma força, não uma fraqueza, amplificaram minha convicção da importância de criar espaços onde as pessoas se sintam seguras para compartilhar, aprender e crescer juntas.

A implementação de políticas de diversidade e inclusão, a comunicação gentil e empática e a prática constante da gratidão são estratégias que adotei em minha jornada, inspirado por figuras como Ken Blanchard, cujo conceito de liderança servidora ressalta a importância de servir primeiro e liderar em segundo lugar. Essa abordagem não apenas fortalece os laços entre a equipe, mas também promove um ambiente onde todos se sentem valorizados e motivados a contribuir com seu melhor.

Liderar pelo exemplo foi uma responsabilidade que abracei com fervor, inspirando-me em líderes como Howard Schultz, cuja liderança transformou a Starbucks em uma comunidade global, ressaltando a importância do compromisso autêntico com valores e a criação de um legado de impacto positivo. Essa influência moldou minha visão de que um ambiente de trabalho gentil e humano é benéfico para a equipe e, também, um catalisador para a inovação e o sucesso sustentável.

As histórias e os depoimentos de colegas e mentores ao longo da minha carreira reforçam essa visão e destacam a transformação que uma liderança centrada na humanidade pode provocar. As reflexões de François Cristofari, por exemplo, mostram a distinção entre ser um verdadeiro líder e um mero gerenciador, ressaltando a importância da paixão, da dedicação e do compromisso com a excelência.

Diante disso, este capítulo é mais que um relato das estratégias que implementei; é um convite a refletir sobre como todos podemos contribuir para um mundo de trabalho mais gentil e humano. Inspirando-nos em grandes pensadores da gestão e da cultura organizacional, podemos encontrar caminhos para cultivar ambientes onde o respeito, a inclusão e a empatia sejam a norma, não a exceção.

Assim, convido você a embarcar nessa jornada de promover a gentileza e a humanidade no ambiente de trabalho, inspirando-se nas histórias, teorias e práticas que moldaram líderes de sucesso ao redor do mundo. É através do compromisso com esses valores que podemos verdadeiramente transformar não apenas nossos espaços de trabalho, mas também a sociedade como um todo.

PLANO DE TRABALHO - CAPÍTULO 7

Passo 1: cultive a empatia

Sempre procurei me colocar no lugar dos outros, tentando entender experiências e sentimentos. Acredito firmemente que desenvolver uma compreensão profunda das pessoas ao nosso redor é crucial para fomentar um ambiente de trabalho baseado no respeito mútuo e na inclusão.

Passo 2: promova a diversidade e a inclusão

Implementar políticas e práticas que incentivem a diversidade foi sempre uma prioridade para mim. Criar um ambiente de trabalho que valorize e celebre as diferenças é essencial para que todos possam se sentir acolhidos e respeitados.

Passo 3: comunique-se com gentileza

A comunicação é a base de todas as relações. Sempre priorizei uma comunicação clara, positiva e respeitosa, mesmo nas situações mais desafiadoras. Estabelecer um clima de confiança e colaboração, de modo que todos se sintam ouvidos e valorizados, é fundamental.

Passo 4: pratique a gratidão

Reconhecer e agradecer as contribuições de cada membro da equipe é algo que sempre fiz questão de praticar. Celebrar tanto os sucessos quanto os esforços contribui para cultivar um ambiente de trabalho motivador, onde o reconhecimento e a apreciação sejam a norma.

Passo 5: lidere pelo exemplo

Demonstrar em minhas próprias ações os valores de gentileza, humanidade e empatia foi uma responsabilidade que sempre levei a sério. Inspirar outros a adotarem uma abordagem mais humana e empática é uma forma de promover uma mudança cultural positiva na organização.

Ao compartilhar minha história e os relatos inspiradores daqueles com quem tive o prazer de trabalhar, espero ilustrar a importância e o impacto profundo de ser gentil e humano. Esse princípio não é apenas uma bússola para a liderança eficaz; é um convite para refletirmos sobre como podemos contribuir para um mundo mais gentil e inclusivo, começando pelo ambiente em que vivemos e trabalhamos.

CAPÍTULO 8

A beleza inerente: somos lindos

No anfiteatro da JLR, em um evento de DE&I (Diversidade, Equidade & Inclusão), deparei-me com uma plateia diversificada, composta de cerca de 250 pessoas. Diante de mim, havia jovens, homens e mulheres. Pude identificar uma variedade de origens étnicas, incluindo indianos, negros, asiáticos e muitos outros grupos. Nesse momento, uma mensagem tomou conta de mim: "Vocês são lindos. *You are beautiful*".

Ao proferir essas palavras, senti a energia da beleza emanando de todos os participantes, tanto daqueles presentes quanto dos que participavam remotamente pela plataforma Teams. Era como se essa beleza coletiva fosse uma força inspiradora que pudesse impulsionar nossa jornada na construção da melhor empresa do mundo. Cada indivíduo ali presente era lindo à sua maneira, e eu fiz questão de transmitir essa mensagem, não apenas para eles, mas também para mim mesmo. "E também sou lindo", declarei, acreditando na beleza que emana do meu interior.

Ao longo da vida, enfrentei desafios relacionados à minha autoimagem. Na juventude, muitas vezes me senti feio, pois não me encaixava nos padrões convencionais. Essa sensação de não pertencer contribuiu para o desenvolvimento da chamada "síndrome do impostor". Eu constantemente duvidava se realmente pertencia a certos lugares e posições. No entanto, com o tempo aprendi que isso não poderia estar mais longe da verdade.

Neste momento como membro do comitê executivo e *board member*, compreendi plenamente o meu valor e a contribuição que trago para a empresa. Conquistei meu lugar com esforço, dedicação e resultados consistentes. Criei empresas, constituí um fundo e alcancei muitas conquistas no mundo corporativo que respaldam minha posição atual. Não sou um impostor; sou bonito, assim como todos aqueles que estavam na plateia e os que fazem parte da nossa equipe. "*You are beautiful, we are beautiful.*"

Estender esse olhar para além da sala de reuniões e reconhecer a beleza em cada pessoa tornou-se um pilar fundamental da minha gestão na empresa. Minha missão agora é encorajar todos os colaboradores a enxergarem sua própria beleza e seu próprio valor. Acredito que todos são bonitos, independentemente de cargos ou funções na organização. Todos merecem ter uma voz ativa na criação de um mundo melhor.

Minha mensagem é clara: a beleza está em todos nós. Se não percebermos nossa própria beleza, não teremos a coragem de mostrar quem somos. Portanto, meu compromisso com a JLR é promover um ambiente onde todos se sintam à vontade para serem autênticos e exibirem sua verdadeira beleza. Reconhecer a beleza inerente em cada pessoa tornou-se um lema que orienta minha liderança e minha visão de um mundo mais inclusivo e justo.

Acredito firmemente que enxergar a beleza em todos nós não é apenas uma questão de princípios morais, mas também um caminho para o sucesso empresarial. Quando olho para a diversidade que vejo à minha frente no anfiteatro da JLR durante um evento de DE&I,

é impossível não reconhecer a riqueza que cada indivíduo traz para a empresa. Observo homens e mulheres, jovens e experientes, indianos, negros, asiáticos e muitos outros. A diversidade é o nosso trunfo, e acredito que todos são belos.

E o segredo está aqui: quando nos sentimos bonitos, quando aceitamos a nossa própria beleza interna, somos mais felizes e produtivos. Isso se traduz em um ambiente de trabalho mais positivo, e uma empresa feliz é uma empresa mais lucrativa. Não se trata apenas de ganhar dinheiro; é um "ganha-ganha-ganha". Todos saem ganhando nesse cenário.

Há evidências claras que comprovam isso. Empresas que abraçam a diversidade e a inclusão tendem a ser mais rentáveis. A diversidade vai além de um *slogan* bonito; é um fator crítico para o sucesso. Empresas mais diversas também são mais inovadoras. Isso ocorre porque, quando todos são vistos como belos e valorizados por suas perspectivas únicas, as ideias fluem livremente e a criatividade floresce.

Entretanto, reconhecer a beleza em todos é apenas o primeiro passo. Um desafio persistente que ainda enfrentamos é a tendência de cortar a voz das mulheres nas empresas. Muitas vezes, quando uma mulher começa a falar, seus *insights* são interrompidos, enquanto um homem pode falar sem cortes. Precisamos estar atentos a essas desigualdades e realmente praticar o conceito de "*We are beautiful*" no ambiente corporativo.

Acredito profundamente que, ao adotarmos essa visão inclusiva e valorizarmos a beleza em todos nós, podemos transformar vidas e empresas. Tenho o privilégio de testemunhar as transformações pessoais de muitos colegas, como Luciano, Izildinha, Vera, Delfina, Igor e Andrea. Eles são exemplos vivos de como essa abordagem pode impactar positivamente a vida das pessoas.

Para entender verdadeiramente o poder de "*We are beautiful*", é fundamental começar por nós mesmos. Devemos nos aceitar e amar, reconhecendo a nossa própria beleza interna. Seja qual for a nossa origem, orientação sexual, raça, idade ou deficiência física, somos lindos à nossa maneira. Não é algo que escolhemos; é simplesmente quem somos. Essa é uma forma diferenciada de pensar e uma sensibilidade única que enriquece a sociedade. Aceitar a si mesmo é o primeiro passo para enxergar a beleza em todos.

Quando abraçamos essa visão inclusiva e empática do mundo, conseguimos criar as melhores empresas, que são verdadeiramente diversas, inovadoras e rentáveis. Portanto, meu convite é para que abracemos a beleza em todos nós e usemos esse poder para transformar nossas vidas e as empresas em que trabalhamos. O futuro é mais brilhante quando todos são vistos como belos e valorizados por suas contribuições únicas. "*We are beautiful.*"

Este é o meu momento, um momento que me faz refletir sobre a beleza intrínseca que reside em cada um de nós. Durante a Copa do Mundo de Rúgbi, a Defender teve a honra de ser uma das patrocinadoras e montamos a Defender House no hipódromo de Longchamp, em Paris. Lá recebemos VIPs, concessionários, clientes, parceiros, fornecedores e, claro, nossos valiosos colaboradores.

Tive a oportunidade de fazer um discurso ao lado do meu colega Leenhardt, que ocupa o cargo de diretor de marketing e diretor comercial. O cerne da nossa fala foi a celebração da diversidade. A marca Defender decidiu destacar seis indivíduos excepcionais, cada um representando uma faceta única da diversidade e da inclusão que valorizamos tanto. Entre esses notáveis estava um senhor de noventa anos de idade, apaixonado pelo rúgbi, uma mulher determinada que enfrentou desafios e se destacou no rúgbi e uma atleta em cadeira de rodas que conquistou medalhas paralímpicas em Tóquio e no Rio de Janeiro.

Tivemos também o privilégio de homenagear uma mulher muçulmana que desafiou estereótipos e fundou um time feminino de rúgbi em um país onde as mulheres raramente têm a chance de praticar esportes. Cyril, um homem incrível, teve a coragem de criar o primeiro time gay de rúgbi na França, chamado Les Gaillards, que se tornou um verdadeiro sucesso. E, para surpresa de muitos, apresentamos um jovem de apenas quinze anos, que, apesar de ter apenas um braço, mostrou que é possível superar desafios e jogar rúgbi excepcionalmente bem – melhor do que eu poderia em toda a minha vida.

Essas histórias inspiradoras nos lembraram de que somos todos diferentes, mas tais diferenças não nos impedem de contribuir e alcançar grandes feitos. Pela primeira vez, vi o marketing da nossa empresa incorporar a diversidade em seu DNA, não como uma estratégia de mercado, mas como um verdadeiro reflexo de quem somos e do que valorizamos.

Essa experiência me enche de orgulho e alegria, pois percebo que, apesar de todos os desafios que enfrentamos, ainda há esperança. A esperança de que, ao reconhecer a beleza que reside em cada um de nós, possamos trabalhar juntos para criar um mundo melhor.

Lembro-me do momento em que apresentamos aquele jovem corajoso, com apenas um braço, que joga rúgbi com uma paixão indomável. A reação do nosso presidente foi uma revelação: decidimos acompanhar sua jornada educacional e oferecer a ele uma oportunidade de emprego.

Essa experiência validou nossa crença de que, quando adotamos um olhar amoroso e compassivo, quando nos comprometemos em apoiar uns aos outros, quando abrimos as portas da educação e da oportunidade, podemos realmente transformar vidas. Nossos valores estão alinhados com a visão de um futuro melhor, onde a beleza de cada indivíduo seja reconhecida e celebrada.

Essa visão é profundamente enraizada nas lições que aprendi ao longo de quarenta anos de vida profissional e sessenta anos de vida pessoal. Essas lições foram transmitidas pelas quatro mulheres mais importantes da minha vida: minha mãe, minha irmã, minha avó e a Tia Dag. Elas me ensinaram sobre amor, companheirismo, educação e visão, e esses ensinamentos se fundem perfeitamente na ideia de "*We are beautiful*".

Agora, após uma jornada repleta de experiências de amor, amizade e casamento, finalmente entendi o propósito que me trouxe até aqui. Descobri que minha visão de empresário foi profundamente transformada pelo que aprendi com essas mulheres incríveis. E é com imensa gratidão e alegria que compartilho essa visão com o mundo.

Espero que todos possam entender e abraçar essa beleza interior que temos. Pois, no fim das contas, resta-nos apenas uma alternativa: acreditar que somos belos e que, juntos, podemos criar um mundo melhor – um mundo onde o lema "*We are beautiful*" seja uma realidade para todos nós.

NÃO SE TRATA DE TER ENERGIA, MAS DE SER A ENERGIA

Desde o início da minha jornada, percebi que buscar gurus ou soluções mágicas externas era algo incessante e muitas vezes infrutífero. A verdadeira epifania veio ao entender que a força e a energia que eu tanto buscava, na realidade, residiam em mim. Essa compreensão transformadora foi um divisor de águas, não apenas na minha carreira, mas também na minha experiência pessoal.

Minha trajetória foi marcada por desafios, descobertas e, acima de tudo, aprendizados. Desde os primeiros dias no Société Générale, passando pela criação da Alliance Ventures, pelos desafios da Renault até os projetos ambiciosos na Jaguar Land Rover, cada capítulo da minha vida profissional exigiu que eu fosse além dos conhecimentos convencionais. Foi preciso desaprender para reaprender, abrindo caminhos para inovações disruptivas e soluções criativas.

É por isso que, ao longo da minha vida, comprometi-me a ser um aprendiz perpétuo. Aprendi que ser verdadeiramente energizado e poderoso não é uma questão de ter, mas de ser. Ser alguém que abraça a vulnerabilidade, que valoriza a aprendizagem como um processo contínuo e que, acima de tudo, reconhece que a energia que impulsiona mudanças e inovações começa dentro de nós.

Assim, ao compartilhar minha história, espero inspirar outros a reconhecerem e abraçarem sua própria energia interna. Encorajo cada um de vocês a desenvolver sua própria fórmula para a vida, uma que esteja alinhada com seus valores, paixões e objetivos. Que minha jornada sirva como lembrete de que somos os criadores de nossa energia e que, ao escolhermos nutri-la de dentro para fora, podemos transcender o convencional e alcançar o extraordinário.

PLANO DE TRABALHO - CAPÍTULO 8

Passo 1: reconheça a sua própria beleza

- Ação: comece por olhar no espelho e reconhecer a beleza e a energia que emanam de você. Aceite cada parte de si, celebrando a sua unicidade.
- Objetivo: fortalecer a autoestima e a autoaceitação, ambas fundamentais para reconhecer sua própria energia e capacidade de influenciar positivamente.

Passo 2: cultive positividade e empatia

- Ação: pratique o pensamento positivo e a empatia no seu dia a dia, buscando sempre entender e valorizar as perspectivas dos outros.
- Objetivo: difundir sua energia positiva, promovendo um ambiente mais acolhedor e empático.

Passo 3: inspire e seja inspirado

- Ação: compartilhe suas histórias, lutas e vitórias. Permita que outros vejam como você superou desafios e utilizou sua energia para criar mudanças positivas.
- Objetivo: inspirar outras pessoas a reconhecerem e utilizarem sua própria energia para o bem.

Passo 4: ação para mudança

- Ação: direcione sua energia para projetos ou causas que promovam diversidade, inclusão e justiça social. Realize ações concretas que reflitam seus valores e suas crenças.
- Objetivo: contribuir ativamente para a construção de um mundo mais justo e inclusivo, utilizando sua energia para fazer a diferença.

Passo 5: mantenha-se aberto e receptivo

- Ação: esteja aberto a aprender com as experiências e energias dos outros. Reconheça que cada pessoa tem algo valioso a oferecer.
- Objetivo: enriquecer sua própria perspectiva e ampliar sua capacidade de influência, absorvendo e refletindo a energia positiva ao seu redor.

Ao adotar esses passos, reafirmo meu compromisso não apenas com a promoção da diversidade e da inclusão, mas também com a crença profunda de que cada um de nós tem uma energia interna poderosa. Quando reconhecida e utilizada com propósito, ela tem o potencial de transformar nossas vidas e a das pessoas ao nosso redor. É um convite para que cada um de nós abrace sua própria beleza e energia, contribuindo para a criação de um futuro mais brilhante e inclusivo.

CAPÍTULO 9

Rumo ao futuro: legado e lições

Desde os primeiros anos de minha carreira, percebi que meu papel ia além das funções convencionais em grandes empresas. Em cada passo que dei, meu propósito era claro: construir pontes. Não pontes de concreto e aço, mas pontes de compreensão, cooperação e transformação.

Minha jornada começou e avançou nas imponentes estruturas corporativas da Alstom, BNP Paribas, Société Générale, Nissan, Renault e JLR. Através dessas experiências, percebi a importância de estabelecer conexões, não apenas entre empresas, mas também entre essas entidades e organizações não governamentais, uma ponte vital, onde o conhecimento mútuo pode florescer e contribuir para um mundo melhor.

Empresas são importantíssimas quando se trata de moldar o panorama global, e eu acredito que elas devem desempenhar um papel ativo na construção de pontes para as causas sociais e ambientais. Assim, elas não apenas oferecem suporte financeiro às ONGs, mas também compartilham conhecimento, promovendo uma compreensão mais profunda e colaborativa do mundo que habitamos.

Essas pontes não são unidirecionais. Também ergui estruturas internas, conectando as empresas aos corações e às mentes de seus colaboradores. Acredito que a responsabilidade social e ambiental não é só uma obrigação, mas uma oportunidade de motivar as pessoas, dando-lhes tempo para dedicarem-se a causas nobres. Essa abordagem beneficia tanto as comunidades quanto a produtividade interna, uma ponte que se estende para além dos limites físicos da empresa.

Meu caminho também me levou a construir pontes entre o Sul e o Norte, unindo nações como França, Japão, Inglaterra, Estados Unidos, Brasil e Índia. Países distintos em níveis de desenvolvimento, mas que, ao se compreenderem, podem contribuir mutuamente para um futuro mais equitativo. Uma ponte que visa superar as barreiras econômicas e culturais.

Entre ricos e pobres, outra ponte se revelou indispensável. Questiono por que nasci em uma família abastada, mas enxergo essa posição como uma oportunidade para construir uma passagem para o auxílio mútuo. Reduzir as disparidades sociais torna-se uma missão pessoal, uma ponte que conecta diferentes realidades em busca de um equilíbrio social mais justo.

Além disso, trabalhei incansavelmente para erguer pontes entre heterossexuais e homossexuais. A igualdade de direitos não é apenas uma questão de justiça, mas uma necessidade intrínseca à nossa humanidade compartilhada. Cada arco construído nessa ponte representa um passo em direção a uma sociedade mais inclusiva e compassiva.

Minha trajetória foi além da mera defesa de minha comunidade; ela foi um chamado à integração, uma dança delicada entre a singularidade de cada parte e a tapeçaria global. Não me limitei a provar que o gay não é doente; ergui uma ponte que celebra e expõe a riqueza da contribuição que a comunidade LGBTQIA+ traz ao mundo.

Em minha incansável missão de construir pontes, percebi a necessidade de desmistificar as relações entre homens e mulheres. Não se trata apenas de promover igualdade de gênero, mas de explicar a ambos os lados como podem coexistir harmoniosamente e, mais do que isso, como suas diferenças podem se tornar ativos valiosos em um ambiente corporativo.

Ao promover a interação entre gerações, construí uma ponte entre o passado e o futuro. Entendi que os mais jovens precisam da sabedoria dos mais velhos, e que estes podem se beneficiar da visão fresca e da inovação que os jovens trazem. Assim, construímos juntos um caminho que honra a tradição, mas não teme o novo.

Minha dedicação à inclusão não conhece limites, estende-se à construção de pontes entre pessoas com e sem deficiência. Defendi a convicção de que cada indivíduo, independentemente de habilidades, tem uma contribuição valiosa que pode elevar o coletivo.

A ponte que ergui entre a tradição e a inovação não foi uma tarefa fácil. Valorizar a rica história de empresas enquanto as transformamos em entidades modernas e inovadoras demanda respeito e habilidade. Cada produto, com seu peso histórico, tornou-se um desafio estimulante para unir o antigo e o novo, respeitando o legado sem perder a visão para o futuro.

Nessa jornada, minha busca incessante por pontes se estendeu até a interseção entre o crescimento empresarial e a sustentabilidade ambiental. Mostrei que a lucratividade pode coexistir com a preservação do meio ambiente, construindo uma ponte que se sustenta sobre os pilares do sucesso econômico e do compromisso com nosso planeta.

A ponte mais desafiadora, no entanto, foi aquela que liga o empreendedor ousado, o "Oxaguiã" dentro de mim, com a sensibilidade sustentável do "Oxumaré". Harmonizar a ambição com a compaixão exigiu uma introspecção profunda e uma constante adaptação. Essa ponte se tornou a espinha dorsal do meu crescimento, unindo coragem e empatia.

Desde os primeiros dias na Alstom até o sucesso na JLR, cada experiência foi uma pedra preciosa na construção dessas pontes. Enfrentei não apenas desafios profissionais, mas também minha própria jornada com a homossexualidade, transformando lutas pessoais em oportunidades para compreensão e crescimento.

Assumir a presidência do Société Générale Brasil aos 38 anos foi mais do que uma conquista profissional; foi o momento em que assumi publicamente minha homossexualidade. Essa foi uma ponte que construí não apenas para mim, mas para todos que ousam ser autênticos, mostrando que a diversidade é uma força a ser celebrada.

Na Nissan, mergulhei em águas desconhecidas, criando uma empresa do zero em um setor que inicialmente me era estranho: a indústria automobilística. O nascimento do Kicks, um modelo que agora é uma referência no Brasil, tornou-se meu legado, uma prova de que coragem e determinação superam as barreiras do desconhecido.

Alliance Ventures foi minha próxima parada, onde descobri a tecnologia que acredito ser capaz de salvar o mundo: inovação, tecnologia e inteligência artificial. Essa foi uma ponte para o futuro, uma jornada para explorar as fronteiras da tecnologia e transformar a maneira como vivemos e trabalhamos.

Meu caminho continuou na Renault, onde a sustentabilidade e a economia circular tornaram-se o foco central do projeto Re-Factory. Nesse caso, a construção de pontes não era uma metáfora; estávamos construindo pontes para o ser humano, redefinindo a maneira como trabalhamos e mantemos empregos. Essa foi uma ponte que levou a uma nova maneira de ver não apenas os negócios, mas também a humanidade.

Na JLR, descobri a Índia, voltando às raízes e construindo uma ponte entre culturas distantes, unindo o calor brasileiro com a espiritualidade indiana. Essa interseção cultural enriqueceu a minha vida e fortaleceu a ponte entre Brasil e Índia, mostrando que, no fundo, estamos todos conectados.

"*We are beautiful.*" Essa mensagem ressoou em todas as pontes que construí. Minha carreira me mostrou que eu sou do mundo, que minha beleza se encontra na aceitação de minha diversidade, que cada cultura e nacionalidade são partes intrínsecas de quem eu sou. Essa compreensão global tornou-se minha esperança para o futuro, um apelo global para que todos abracem a diversidade, pois é nela que reside a verdadeira beleza do mundo.

Ao refletir sobre esses quarenta anos de carreira e sessenta anos de vida, entendi que as maiores lições vieram de figuras femininas fundamentais em minha vida. O amor incondicional de minha mãe deu origem ao lema "*We are beautiful*". A educação rigorosa de minha avó reforçou a importância contínua da formação nas empresas, garantindo que todos estejam preparados para enfrentar um mundo em constante evolução.

Minha irmã, com seu companheirismo, ensinou que acompanhar e dar segundas chances são peças-chave na construção de equipes robustas. A visão inclusiva da Tia Dag mostrou que todos, desde o motorista até o presidente, são fundamentais para o sucesso da empresa. Essas lições tornaram-se os pilares de minha filosofia profissional.

Hoje, meu desejo é dedicar-me a compartilhar essas lições com outras empresas. Quero mostrar que, ao abraçarem valores fundamentais, como amor, educação, companheirismo e uma visão progressista, as empresas podem se transformar, crescer e contribuir para um futuro melhor. Esta é a verdadeira lição desses anos de jornada profissional e pessoal: construir pontes que não apenas conectam, mas também transformam, abrindo caminho para um mundo onde todos são belos e o futuro é moldado com compreensão, antecipação e inclusão.

CARTA AO FUTURO

Ao concluir este livro, vejo-me perante um horizonte imenso e repleto de possibilidades. Com um coração pleno de gratidão e esperança, dirijo-me a você, futuro, através desta carta, como um farol a iluminar o caminho da liderança, da gestão e, mais fundamentalmente, da humanidade nos próximos trinta anos.

Em minha jornada, percebi que a verdadeira força reside em nós, não nas fórmulas mágicas ou nos gurus que prometem transformação instantânea. Cada desafio, cada obstáculo e cada vitória me ensinaram que somos nós mesmos a energia propulsora de mudança, detentores da fórmula única que nos define.

Ao olhar para o futuro, sonho com um mundo onde a liderança transcenda o exercício do poder para se tornar um ato de amor, inspiração e um incansável compromisso com o bem comum. Imagino gestores que, mais do que nunca, serão guardiões da ética, promotores da diversidade e catalisadores da inovação sustentável.

Prevejo uma humanidade que, embora imersa em avanços tecnológicos sem precedentes, não perde de vista os valores essenciais que nos fazem genuinamente humanos: compaixão, empatia e a coragem de ser vulnerável. Um mundo em que a gentileza e a humanidade são as moedas mais valiosas.

Nesse futuro, as pontes que busquei construir ao longo de minha carreira – entre culturas, gerações, diferentes orientações sexuais e ideais – estão consolidadas, permitindo um fluxo livre de ideias, respeito mútuo e colaboração verdadeira. As empresas são microcosmos de inovação consciente, onde o lucro caminha lado a lado com a responsabilidade social e ambiental.

Sonho com organizações onde cada voz é ouvida e valorizada, onde o medo do fracasso é substituído pela coragem de tentar e onde o aprendizado contínuo é o alicerce do crescimento pessoal e profissional. Nesse cenário, os líderes são aqueles que, com paixão e propósito, inspiram outros a desbravarem seus próprios caminhos, munidos da certeza de que a verdadeira liderança é servir.

Espero deixar um legado não apenas de sucessos e conquistas tangíveis, mas também de lições aprendidas na arte de conectar, amar e transformar. Que minha jornada inspire outras pessoas a reconhecerem sua própria força interior, a ousarem ser autênticas e a entenderem que, no coração de cada desafio, existe uma oportunidade para crescer e fazer a diferença.

Em você, futuro, deposito minha fé inabalável no potencial da humanidade de criar um mundo mais justo, inclusivo e sustentável. Que cada um de nós possa ser a mudança que deseja ver, construindo uma sociedade em que a beleza da diversidade seja celebrada, em que o aprendizado seja uma jornada sem fim e em que cada ato de liderança seja um reflexo da nossa essência mais verdadeira.

Que esta carta ao futuro seja um manifesto de esperança, um convite a todos nós para abraçarmos a vulnerabilidade como uma fonte de força, para sermos eternos aprendizes na escola da vida e para nunca esquecermos que, juntos, somos capazes de construir um amanhã extraordinário. Um futuro em que, acima de tudo, reconheçamos e celebremos o poder intrínseco que reside em cada ser humano de criar, transformar e amar.

Com esse pensamento, avanço rumo ao desconhecido, não com receio, mas com a certeza de que cada passo dado é um tijolo na construção de um futuro em que todos nós, unidos pela beleza da nossa diversidade e pela força da nossa humanidade, podemos prosperar.

Ao futuro, eu digo: estou pronto, e convido cada um de vocês a se juntar a mim nesta jornada transformadora, positiva e bela, que só depende de nós!

CONCLUSÃO

Bem, chegamos à conclusão do nosso livro, e você conheceu muito da minha história, da minha jornada: lutas, desafios e êxitos.

O ciclo se fechou para mim, um ciclo de sessenta anos de vida e quarenta anos de trabalho. Nesse ciclo pude aprender e compreender muito sobre mim, o mundo das empresas e a gestão dos processos e de pessoas.

Assim, eu poderia dizer que o principal elemento para criar empresas de performance e líderes de qualidade é tempo, já que são necessárias algumas etapas sucessivas. Em minha mente, vislumbro oito etapas.

1. É preciso que o gestor ou líder se conheça e goste de si mesmo, mas goste de verdade. É preciso ter uma boa autoimagem, amor-próprio e estar satisfeito consigo. Isso é a base de tudo.

2. É indispensável que tenha disposição e saiba ouvir o outro, que aprenda a gostar do outro de verdade, considerando as diferenças existentes em cada equipe.

3. É preciso se abrir para o mundo, para o planeta, ter uma visão global, ecológica e multidisciplinar, entender as relações existentes no mundo e conectar-se a isso.

4. É preciso que a pessoa identifique seus próprios valores e permaneça fiel a eles, de modo que estes orientem toda a sua trajetória na tomada de posições e nas decisões pelo caminho. É muito difícil, no decorrer de uma vida, não nos desapegarmos dos nossos valores, mas é fundamental que os tenhamos em mente o tempo todo e não seja feita qualquer exceção quanto a isso. Eles realmente são a base de tudo.

5. A inovação deve ser parte das suas atribuições. É preciso inovar sempre e com criatividade. Nada de ficar na zona de conforto; muito pelo contrário, sempre apele para a sua criatividade.

6. Entenda que as mudanças são oportunidades, oportunidades de crescimento, oportunidades de descobertas, sejam elas no campo do capital humano, sejam elas nos processos, sejam elas nos novos negócios ou mesmo na criatividade, como disse anteriormente. Esteja com a mente e os olhos bem abertos para ver o que as mudanças estão trazendo como oportunidades únicas e saiba aproveitá-las.

7. É preciso liderar com amor. Ao contrário do que a antiga mentalidade de gestão pensava, o amor pode existir, sim, nas empresas. Ele está na busca por empatia, no interesse e na curiosidade pela humanidade, pelo ser humano presente nas organizações. Embora estejamos vendo os moderníssimos robôs sendo apresentados ao mundo como operadores em determinadas tarefas, nós trabalhamos com seres humanos e temos que tratá-los como tais acima de tudo!

8. Devemos entender que somos todos lindos e lindas e que dessa diversidade humana, étnica, de gênero, de cultura e tudo o mais, nascerão as melhores empresas e, consequentemente, as melhores pessoas.

Esse esquema ou método pode parecer simples em um primeiro olhar. Colocando em tópicos para facilitar a sua visualização e memorização, teremos:

1. Autoconhecimento.
2. Gostar do outro.
3. Abrir-se para o mundo.
4. Identificar os seus valores.
5. Trabalhar e inovar com criatividade.
6. Ver oportunidade na mudança.
7. Liderar para todos.
8. Entender que nós somos lindos e lindas.

Isso realmente parece muito simples, mas eu levei quarenta anos para consolidar essas oito etapas e entender que elas são regras que precisam existir a cada dia que nos levantamos da cama e saímos para trabalhar.

Essas etapas ou regras não podem mudar. Não podemos nos dar ao luxo de um dia chegar na empresa e pensar em fazer as coisas ou agir de uma forma diferente disso. Para colocá-las em prática, cada um de nós deve ter muita consistência no que faz, em cada uma das etapas, e viver toda uma vida por elas.

E, como eu disse no início desta Conclusão, agora que o meu ciclo se fechou, um novo ciclo se abrirá diante de mim. Digo que haverá um novo ciclo porque estou tendo a oportunidade de voltar a viver e trabalhar no Brasil.

Eu me entendi muito bem com o *chairman* do grupo Tata, que também era o *chairman* do *supervisory board* da Jaguar Land Rover, e conversando com ele eu disse que não estava muito feliz vivendo na Inglaterra. Também confessei que gostaria de sair da empresa.

Ele, então, me disse que isso não era parte de seus planos, que não queria que eu saísse. Algumas semanas depois, o *chairman* me deu a oportunidade de retornar ao Brasil para trabalhar em outra empresa do grupo, a TCS Tata Consulting Services, que ele espera que dobre de tamanho em dois anos na região da América Latina.

Então, eu estou voltando ao Brasil na posição de *Senior Advisor* na TCS Tata Consulting Services, a fim de ajudar a região e o Brasil a crescerem. Eu entendo que tenho essa oportunidade nesse novo ciclo, período em que poderei colocar em prática todas essas etapas que mencionei há pouco.

Eu viajei o mundo e hoje conheço muitos países, os mais diferentes, como o Uzbequistão, as Filipinas, a China, os Estados Unidos, toda a Europa, muitos países da África, a América Latina toda, e tive contato com essas diferentes culturas e povos. Assim, com tudo isso, eu entendo que essa conexão com o mundo é parte do repertório de que preciso para o novo ciclo. Também identifiquei claramente os meus valores e sei muito bem o que representam em minha vida e no tempo em que vivemos. Além disso, carrego o que aprendi e recebi das quatro mulheres que foram tão importantes em minha vida.

Eu gosto de inovar, gosto de criatividade e descobri isso no processo do ciclo anterior. Eu não sabia que poderia ser tão inovador, mas aprendi isso e hoje não tenho medo de enfrentar as necessidades de ser criativo e de inovar. Também gosto muito de mudanças e as vejo como grandes oportunidades. Não me falem de rotina! Me falem de mudanças, crescimento, coisas novas, pois é disso que eu gosto muito!

Aprendi a liderar todos com amor e não gosto apenas daqueles que são parecidos comigo; muito pelo contrário. Eu busco a proximidade com o diferente, porque com ele posso aprender alguma coisa, algo novo, melhorar a mim e tentar dar uma contribuição para a melhoria dele também.

E, finalmente, entendi que todos nós somos lindas e lindos. Durante boa parte de minha vida eu me achei muito feio. Todos sabemos que isso tem a ver com falta de autoconhecimento e mexe profundamente com a autoestima, afetando até mesmo a produtividade e inibindo grandes contribuições que uma pessoa poderia dar ao grupo a que pertence.

Hoje eu sei que sou lindo, que todo mundo tem alguma coisa linda que vale a pena buscar e, assim, há uma diversidade riquíssima nas empresas. É isto que faz das empresas as melhores empresas em seu setor e no mundo: a descoberta da beleza da diversidade. E nós nos tornamos melhores pessoas ao enxergarmos isso.

Então, nesse novo ciclo que se abre diante de mim, tenho a oportunidade de aplicar toda essa riqueza ao desafio de estar à frente da TCS Tata Consulting Services. Vamos crescer no Brasil, vamos contratar mais de dez mil pessoas, tendo em mente que todos e todas são lindas e lindos.

É nisso que eu pretendo investir toda a minha energia e conhecimento a partir de agora. A meu ver, estou diante de um momento muito especial e ímpar, me acostumando a dizer que a palavra que resume tudo é "gratidão".

Como procurei expressar durante todo o livro, aprendi muito durante esses quarenta anos e tenho a oportunidade de poder transmitir, de retribuir ao Brasil e ao mundo o que deles eu recebi.

Eu tenho me perguntado se esse é o motivo de eu estar no mundo, para viver este novo momento. Às vezes nos perguntamos o que viemos fazer no mundo. Eu acredito que o momento presente, para mim, é de retribuição, é de passar às futuras gerações parte do meu aprendizado, deixar o meu legado. Sei que fazendo isso eu também aprenderei muito, especialmente na aproximação com os novos colaboradores, porque a geração mais jovem tem muito a ensinar. E penso que essa também é uma oportunidade muito grande para mim, que me fará crescer mais ainda!

Se eu estiver certo nessa pré-avaliação, na verdade estarei vivendo apenas um novo começo.